生 / 态 / 安 / 全 / 与 / 社 / 会 / 治 / 理 / 丛 / 书

张银花　李金华　主编

基层社会治理研究

JICENG SHEHUI ZHILI YANJIU

王利清　路冠军　王　瑜 等　著

中国农业出版社
农村设物出版社
北　京

生态安全与社会治理丛书

SHENGTAI ANQUAN YU SHEHUI ZHILI CONGSHU

编　委　会

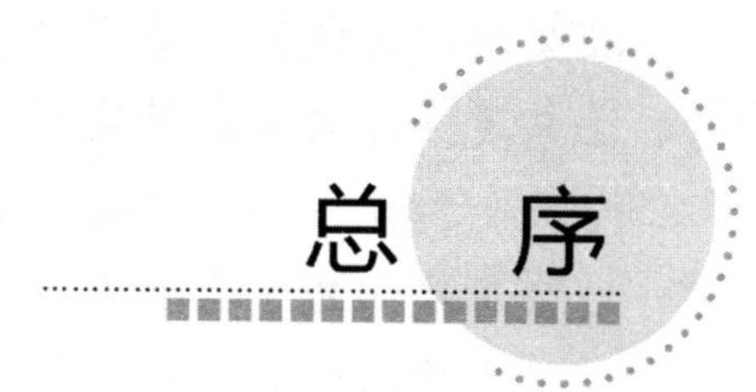

总　序

把内蒙古自治区建设成我国北方重要生态安全屏障、祖国北疆安全稳定屏障，建设成国家重要能源和战略资源基地、农畜产品生产基地，打造成我国向北开放重要桥头堡，是习近平总书记和党中央为内蒙古自治区确立的战略定位。

2022年，值此内蒙古农业大学建校70周年校庆之际，人文社会科学学院组织编纂“生态安全与社会治理丛书”，旨在更好地反映办学成果，总结发展经验，传承文化精神，向母校70华诞献礼。

七十载栉风沐雨，七十载春华秋实。内蒙古农业大学作为一所以农林为主，以草原畜牧业为重点办学特色，具有农、工、理、经、管、文、法、艺8个学科门类的多科性大学，认真贯彻落实习近平总书记重要讲话精神，高度重视与生态环境保护、资源可持续利用、社会治理相关的学科专业建设，草学、水土保持与荒漠化防治等学科专业在全国范围内都具有一定的影响力，公共管理、社会工作、法学等学科专业的教师也开展了一系列有关自治区生态文明建设、农村牧区社会治理方面的调查研究与决策咨询，产生了良好的社会效益。2021年，在自治区党委宣传部和教育厅的大力支持下，哲学社会科学重点研究基地“筑牢祖国北疆生态安全屏障研究基地”“内蒙古牧区治理现代化研究中心”依托内蒙古农业大学人文社会科学学院建设，为更好地服务自治区生态治理、社会治理提供了新机遇。

党的二十大报告将推动绿色发展、建设美丽中国，完善社会治理体系、健全社会治理制度作为全面建设社会主义现代化国家的内在要求，强调指出要“推动绿色发展，促进人与自然和谐共生”“健全共建共治共享的社会治理制度，提升社会治理效能”。“生态安全与社会治理丛书”从高校基层党建、公共管理学科建设、行政管理、社会工作和法学专业发展五个方面对学院的各项工作做了全面的总结。本次出版的《高校基层党建理论创新与典型案例分析》《基层公共治理实践与创新》《基层社会治理研究》《生态、治理与社会工作》《乡村振兴视域下农村法治建设研究》五册书作为“两个基地”的中期成果，不仅有助于为“两个屏障”建设提供智力支持，还将对学院的教育教学、人才培养、科学研究起到助推作用。在此，衷心感谢各位编委、作者、读者多年来对学院发展的关心和支持！

是为序。

内蒙古农业大学人文社会科学学院　张银花　李金华

2022年10月28日

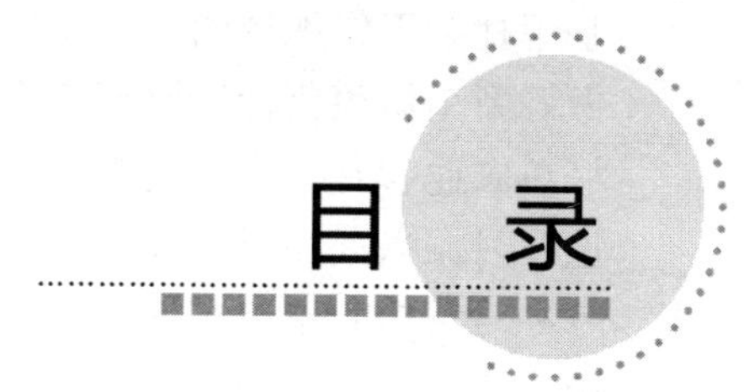

目 录

SHANG PIAN 上篇

基层社会治理的政府建设

JICENG SHEHUI ZHILI DE
ZHENGFU JIANSHE

内蒙古牧区“三治并进”治理实践与创新路径研究

——以阿巴嘎旗、新巴尔虎右旗为例

张银花

加强和创新社会治理，是中国特色社会主义发展进入新时代提出的重大命题。党的十八届三中全会通过了《中共中央关于全面深化改革若干重大问题的决定》，用“社会治理”的概念取代了以往的“社会管理”概念，明确了改进社会治理方式、激发社会组织活力等一系列改革任务，提出了“推进国家治理体系和治理能力现代化”是全面深化改革的总目标。党的十九大报告进一步强调，加强和创新社会治理，打造共建共治共享的社会治理格局，完善党委领导、政府负责、社会协同、公众参与、法治保障的社会治理体制。中共中央、国务院于2018年印发《乡村振兴战略规划（2018—2022年）》，其中提出，“乡村振兴，治理有效是基础”，要“把夯实基层基础作为固本之策，建立健全党委领导、政府负责、社会协同、公众参与、法治保障的现代乡村社会治理体制，推动乡村组织振兴，打造充满活力、和谐有序的善治乡村”。党的十九届四中全会通过了《中共中央关于坚持和完善中国特色社会主义制度 推进国家治理体系和治理能力现代化若干重大问题的决定》，其中强调坚持和完善共建共治共享的社会治理制度，要求“健全党组织领导的自治、法治、德治相结合的城乡基层治理体系”。

“治理有效”是实施乡村振兴战略的五大总要求之一。没有乡村的有效治理，就没有乡村的全面振兴。2022年中央1号文件《中共中央 国务院关于做好2022年全面推进乡村振兴重点工作的意见》中提出扎实有序做好乡村治理重点工作。根据中央要求，结合牧区实际，因地制宜，突出实效，扎实有序推进牧区治理势在必行。

一、问题的提出

牧区是以绿色草原为主体的生态景观、以草原畜牧业为基础产业的特殊经济区域[1]。我国的牧区地域广阔，其面积达400多万平方千米，约占国土面积的42%。占全国草原总面积22%的内蒙古自治区，是中国最大的草原牧区，外与俄罗斯和蒙古国相邻，有4 200多千米边境线，占全国陆地边境线的19.2%，是中国的“北大门”、首都的“护城河”[2]。

内蒙古牧区具有典型的地广人稀特征，行政区域面积跨度大，牧民居住分散。特殊的人居地理环境及地域结构带来“边、偏、远”交通不便的问题，同时苏木、嘎查①服务半径过大，苏木下辖的嘎查布局分散，由嘎查承担的网格化服务管理、治安防控、矛盾纠纷排查化解、社区民意收集和及时回应处置等大量基础性工作都需要投入大量的时间、人力、财力和物力，而基层工作人员较为缺乏，应付日常工作都很吃力，牧区基层治理任务重、难度大等问题日益凸显。

（一）牧区牧民自治方面面临的主要问题

在牧区牧民自治方面，受牧区地域、通信等条件所限，牧民参与牧区事务不太方便。牧区地域广阔，手机通信、互联网入户还没有完全普及，虽已定居定牧，但牧民居住地距离较远且分散，有的相距10～100千米，交通不便利，集中开会或开展活动难度较大且成本很高。当牧民大会、牧民代表大会、牧民选举大会以及嘎查委员会（即村民委员会）等召开时，有些牧民无法及时得到通知，也无法及时赶去参加。有些牧民对于牧民自治的理解还不够深，在他们眼里，嘎查（社区、村）两委（即村党支部委员会、村民委员会）就是管理牧民的组织，他们也必须服从嘎查（社区、村）两委的领导。牧民参与意识不强、组织化程度较低、召集牧民参加会议难、监督委员会作用发挥不够等原因导致基层民主决策程序执行不到位，嘎查（社区、村）干部在处理集体事务时程序意识淡薄，常常出现个人或少数人决定事关集体和牧民利益的重大事项的现象。而且，嘎查（社区、村）会计大多数由嘎查委员会成员担任，他们往往没有系统地学过财会专业，业务不熟悉，监管不到位，致使财务管理不规范。

（二）牧区法治建设方面面临的主要问题

在牧区法治建设方面，牧业旗（县）普遍存在的问题是，可以担任法律顾问的人员较少，而已聘请的法律顾问多以电话咨询、口头提出建议为主，提供书面法律意见的不多。法律顾问参与度不够，在重大决策做出前介入不足，其服务多集中于解决纠纷、代理复议或诉讼事宜等事后补救工作，其服务仅限于

---

① 内蒙古自治区还保留有自清朝延续下来的具有民族特色的行政区划专名，即：相当于地区的“盟”、相当于县的“旗”、相当于乡或镇的“苏木”、相当于村或社区的“嘎查”（也称“艾里”）。

就案论案，服务提供频率不高，顾问作用发挥不充分。从调研了解的情况看，相关部门只支付给法律顾问定额年费，且多数为有事时临时聘请，一事一结账。而嘎查（社区、村）的基层法律顾问基本都为无偿服务，交通费用、用餐费由嘎查（社区、村）承担，但通信费用全部自理。这些做法不利于调动法律顾问的积极性。

（三）牧区德治方面面临的主要问题

牧区德治方面存在的主要问题是，在乡风文明建设过程中牧民主体自身能动性发挥不够明显，多为被动接受宣传，牧民的参与性、互动性、自发性不够强。村规民约的宣传主要通过广播、展板、宣传栏、会议等形式开展，呈现方式较为单一。现有文化资源还未得到高效利用，有的文化设备使用频率低，有的农家书屋成了仓库，有些嘎查里的图书室布满了灰尘，有的活动室常年上锁。牧区文化建设与牧民的精神文化需求和文明乡风建设的基本要求相距甚远。

二、内蒙古牧区治理“三治并进”的实践探索

内蒙古自治区33个牧业旗（县）中的阿巴嘎旗、新巴尔虎右旗作为牧区现代化试点旗，积极探索以党建为引领，自治、法治、德治“三治并进”开展基层治理工作，以“三治”为内容，以“并进”为方法，不断完善牧区矛盾纠纷化解机制，不断夯实牧区治理根基，有效提升了牧区治理能力和水平。

（一）以自治为基础

在基层党组织的领导下，以自治为基础，建立健全相关制度规范，发挥党员中心户、北疆红色堡垒户在牧区自治中的示范引领作用；在加强嘎查（社区、村）两委建设的同时，建立牧民小组和嘎查事务监督委员会，健全嘎查牧民会议等“四议两公开一监督”制度①；制定完善村务公开目录和村规民约，持续推进“532”工作法②和嘎查级“三务”公开工作制度③。

---

① “四议”是指党支部会提议、村两委会商议、党员大会审议、村民代表会议或村民会议决议。“两公开”是指决议公开、实施结果公开。“一监督”是指接受党员、村民的监督。

② “532”工作法就是对村级重大事项要严格履行“五道程序”，依次通过“三次把关”，坚持实行“两个公开”。“五道程序”是指党支部提议、村两委商议、党员大会审议、村民代表会议或村民会议决议、村两委共同组织实施；“三次把关”是指乡镇村务协调指导小组负责对村两委形成的意见进行把关，对党员大会和村民代表会议审议表决的程序进行把关，对议定事项执行后的财务收支账目进行入村“审结”把关；“两个公开”是指决议执行前向群众公开实施方案，决议执行后向群众公开实施过程及结果。

③ 嘎查级“三务”公开工作制度是指党务公开、村务公开、财务公开。

1. 发挥党员中心户、北疆红色堡垒户在牧区自治中的示范引领作用

阿巴嘎旗推广集约化管理、社会化服务的党员中心户、北疆红色堡垒户管理制度，取得了非常好的成效。党支部和党员中心户的引领带动、服务管理作用，在哈乐穆吉养老服务中心是以“党支部＋党员中心户＋联系户＋牧区老人”的自治管理、互助养老模式体现的。阿巴嘎旗哈乐穆吉养老服务中心创办于2014年，是一家具有“民办公助”性质的养老机构，可为入住的老年人提供餐饮、住宿、文化娱乐和医疗保健等服务。哈乐穆吉养老服务中心老年协会党支部于2014年9月成立，党支部明确“党建为基、民生为本、服务为要”的工作思路，以党小组送服务、党员送温暖、党课送知识、志愿者送欢乐等“四送”工作法为抓手，以党员中心户为联系纽带，以联系户为协调基础，不仅使入住的牧民老人可以参与自治管理，还能够让入住老人在自我管理、自我服务中加深了解，达到互助互爱[3]。哈乐穆吉养老服务中心“党支部＋党员中心户＋联系户＋牧区老人”的自治管理、互助养老模式，是牧区党建引领基层自治工作在养老领域的实践创新。

新巴尔虎右旗把北疆红色堡垒户工作置于牧区管理体制改革、牧业经济转型升级和牧民增收致富的大局中推进落实。“北疆红色堡垒户＋合作经营组织＋牧户”“北疆红色堡垒户＋特色产业基地＋牧户”“北疆红色堡垒户＋转型升级家庭牧场＋牧户”模式是牧区基层党建工作与产业发展的最佳结合。通过北疆红色堡垒户把牧区基层党建工作与牧业生产经营、牧户发展有机结合起来，把培育牧民合作经营组织、推动牧业产业化、规模化作为一项重要任务，进一步健全“嘎查党支部＋北疆红色堡垒户＋合作经营组织＋牧户”的服务网格，通过合作经营组织来实现北疆红色堡垒户对牧民群众的服务，进一步激发和调动牧户自我管理、自我发展的能力。

2. 建立健全牧民监督、议事制度

根据《中华人民共和国村民委员会组织法》（以下简称《村民委员会组织法》），嘎查制定牧民自治章程，建立健全嘎查牧民大会和牧民代表会议等议事制度，坚持把嘎查级重要事项决策纳入“四议两公开一监督”范围，充实完善牧民议事、财务管理、民主理财、审计监督等规章制度。建立健全嘎查委员会每年一次向牧民和牧民代表会议报告工作的制度、牧民评议嘎查（社区、村）两委成员制度，并成立民主理财小组和监督委员会。凡是涉及方针政策方面的重大事项、事关本嘎查的重大问题，以及大额资金使用、较大工程项目的安排、重要的人事任免等事项，必须实行集体讨论、民主决策，进一步合理规划嘎查级重大事项决策和嘎查财务管理。通过有效调动牧民参与民主管理、民主决策的积极性，真正让牧民自己“说事、议事、主事”，很多问题在牧民的积极参与下得到了解决。

3. 持续推进“532”工作法和嘎查级“三务”公开工作

根据各自实际，各苏木（乡、镇）、嘎查（社区、村）细化制定村务公开目录，并在醒目位置设立村务公开栏，坚持每季度公开党务、村务、财务，接受村民监督。对草场划分、土地管理、老人赡养等一系列涉及牧民利益和公共生活的重大问题都采取高度透明的方法，民主酝酿，依法决策，让牧民当家做主。

嘎查级重大事务严格履行“五道程序”，依次通过“三次把关”，坚持“两个公开”，促进嘎查级事务公开、民主、透明，进一步激发牧民群众参与嘎查级事务的积极性和主动性，使牧民群众在嘎查事务中的知情权、决策权、参与权和监督权得到保障。嘎查级“三务”公开得到扎实推进。每一个嘎查都通过设置村务公开栏、微信公众平台、微信群及召开专题会议等形式适时公开嘎查日常事务、涉及牧民利益的重大问题以及牧民群众关心的事项，强化各嘎查的“三务”公开监督机制，让牧民充分行使民主权利。

4. 制定完善嘎查村规民约

注重发挥嘎查牧民自治章程、村规民约在牧区治理中的示范作用，阿巴嘎旗和新巴尔虎右旗下发关于做好村规民约的指导意见，对村规民约的内容、制定程序、监督落实等提出具体规定和要求，并督查指导村规民约的具体修订完善工作。在广泛征求意见的基础上，依据《中华人民共和国宪法》（以下简称《宪法》）及相关法律、法规和政策的规定，阿巴嘎旗和新巴尔虎右旗修订完善符合自己嘎查（社区、村）实际的村规民约。在保持相对稳定的同时，针对嘎查内出现的新问题、新情况，及时对村规民约的内容进行调整和完善，确保村规民约作为牧区自治的有效载体，在规范村民行为举止，维护村风民俗和社会公德、公共秩序、社会治安，提高农村牧区社会治理水平，促进农村牧区经济发展、民生改善等方面发挥重要的实效作用。

（二）以法治为保障

阿巴嘎旗、新巴尔虎右旗以法治为保障，持续开展法制宣传教育活动，健全牧区公共法律服务体系，扎实开展人民调解工作和“民主法治示范村”创建工作。

1. 不断创新法制宣传教育活动形式

阿巴嘎旗和新巴尔虎右旗充分利用现有条件和设施，在旗所在地设立公共法律服务中心、法律援助中心，在苏木（乡、镇）建立法治文化广场，在嘎查（社区、村）设立法务室，以普法为契机，采取多种形式广泛深入开展法制宣传教育活动。通过开展“法律进牧区”“法律进社区”“送法进校园”“送法进企业”等活动，以《宪法》为核心的法律知识得到普及，牧民的法律意识和法律素养普遍增强。

阿巴嘎旗和新巴尔虎右旗倾力打造“法治乌兰牧骑”文化品牌，将法治宣传融入文艺作品和惠民演出当中，使干部群众在潜移默化中提高法治意识和依法办事的能力。新巴尔虎右旗还组织法律服务工作者、文艺爱好者、普法志愿者成立“民间法治”演出队，会同乌兰牧骑开展送法治文化进嘎查（社区、村）、牧户活动，以乌兰牧骑的演出活动为契机开展法律咨询活动，组织法律工作者为群众现场解答法律知识，并发放法治宣传用品、普法图书图册，取得了“1+1>2”的工作效果。

2. 建立健全牧区公共法律服务体系

阿巴嘎旗和新巴尔虎右旗积极搭建服务平台，完善工作机制，建立各级法律援助服务工作站，加强对牧民的法律援助、司法救助和公益法律服务。新巴尔虎右旗法律援助中心于2003年2月成立，目前法律援助联络点已实现全旗100%全覆盖。各公共法律服务工作站依托司法所，按照化解矛盾纠纷、法治宣传、提供法律服务咨询等基本职能设立服务窗口，实现全旗一站式、综合性、服务型窗口全覆盖。在各看守所接待室、检察院案管大厅、法院刑庭分别设立法律援助值班律师办公室，配备法律援助值班律师，做好值班律师的衔接工作。通过开展以“未成年人保护”“妇女维权”“残疾人维权”为主题的专项法律援助活动，切实维护广大牧民合法利益，提高基层治理能力。

阿巴嘎旗和新巴尔虎右旗还通过建立法律顾问服务点、签订法律顾问协议、建立微信群等多种形式，为嘎查（社区、村）配备法律顾问，组织广大律师积极服务基层社会治理，实现全旗嘎查（社区、村）法律顾问全覆盖。法律顾问通过参加嘎查（社区、村）两委会议及日常工作会议，对嘎查（社区、村）重大决策提供法律意见，从源头上把好法律关，保证嘎查（社区、村）决策的合法性。法律顾问围绕嘎查（社区、村）两委工作任务，立足基层法律服务需求，参与处理嘎查（社区、村）法律事务，为嘎查（社区、村）的依法治理工作和群众的法律问题提供专业意见，并接受法律咨询、提供法律援助、开展法治宣传、参与人民调解等工作，在引导牧区干部群众运用法治思维和法治方式化解矛盾纠纷、维护自身权益，提升基层依法治理水平，促进基层社会和谐稳定方面发挥着重要作用。

3. 扎实开展人民调解工作，促进社会矛盾及时化解

阿巴嘎旗和新巴尔虎右旗加强牧区人民调解组织的机制建设，扎实开展人民调解工作，及时化解社会矛盾。学习借鉴“枫桥经验”，积极打造边疆草原本土“枫桥经验”，充分发挥人民调解员“从群众中来、到群众中去”的优势，有效解决矛盾纠纷，避免把矛盾层层上交。2018年，新巴尔虎右旗克尔伦苏木人民调解委员会的冯海峰被评为内蒙古自治区金牌人民调解员，阿巴嘎旗人

民调解员班布尔荣获银牌调解员光荣称号。阿巴嘎旗和新巴尔虎右旗开展人民调解大调研活动，深入研究矛盾纠纷和信访规律特点，实现对各类矛盾纠纷的敏锐感知和精准预警。对于涉牧涉草场纠纷、婚姻家庭纠纷、人身损害赔偿纠纷、劳资纠纷等，通过四级纠纷排查调处和“三所一庭一室”（即派出所、司法所、法律服务所、法庭和驻村警务室）联动机制，及时将矛盾解决在基层、化解在萌芽状态。

4. 深入开展“民主法治示范村”创建工作

自从全国“民主法治示范村”创建工作开展以来，阿巴嘎旗和新巴尔虎右旗采取有力措施，不断加快推进牧区基层民主法治建设进程，把开展普法教育、提高嘎查（社区、村）两委成员和全体牧民的法律素质、营造嘎查（社区、村）良好法治环境作为创建民主法治示范嘎查（社区、村）的重点，在民主法治示范嘎查（社区、村）建立普法教育网络，做到开设一间普法活动室、设立一个法治宣传栏、配备一套法律图书、建立一支法治宣传队伍和增加一名法律顾问的统一规范要求，建立嘎查（社区、村）两委成员每季度至少两次、党员和牧民小组长每季度一次的集中学习法律知识的制度，组织学习《中华人民共和国草原法》（以下简称《草原法》）、《中华人民共和国农村土地承包法》、农村税收方面的法律法规以及《中国共产党基层组织选举工作条例》《村民委员会组织法》等。牧区广大干部群众的法律意识和法治观念普遍得到提高，为牧区“民主法治示范村”的创建提供了重要保障。通过民主法治示范村创建活动的实施，依法治理工作朝着规范化、制度化、法治化稳步发展，加快了依法治旗的进程。

“巡回审判”机制建设是牧区法治工作创新的一个典范。针对牧区地域广、居住分散等实际情况，为达到巡回审理、就地开庭、便捷高效地服务牧民的目标，2013 年新巴尔虎右旗人民法院自筹资金购置了第一台多功能巡回审判车，集立案、审理、裁判、送达、远程遥控、监控于一体，有效融合“办案＋宣传”模式，完成从“马背法庭”到“车载法庭”的变革。从牧区实际出发进行法治工作创新实践，使牧区基层司法能力得到稳步提升，为实现全旗“民主法治示范村”全覆盖奠定坚实的基础。

（三）以德治为引领

阿巴嘎旗和新巴尔虎右旗以德治为引领，创新牧区精神文明建设有效平台载体，加强牧区乡风文明建设。依托文化阵地，树立牧区新风貌，推动家庭建设，弘扬良好家风。

1. 以社会主义核心价值观为引领，加强牧区乡风文明建设

在乡风文明建设中，阿巴嘎旗和新巴尔虎右旗把宣传和培育社会主义核心

价值观作为重中之重，搭建平台，创新载体，依托主题党日活动、集中学习、外出考察等形式，弘扬中华优秀传统文化，加强对党员干部的教育培训。组织旗乌兰牧骑送文艺进牧区活动，依托苏木（乡、镇）主题广场、嘎查（社区、村）文化站、党员中心户活动阵地、草原书屋等文化阵地，积极开设牧民学习讲堂、蒙古包大讲堂、道德讲堂，让社会主义核心价值观深入人心。苏木（乡、镇）主题广场把社会主义核心价值观与草原文化、文明礼仪相结合，展示了“图说我们的价值观”“十提倡十反对”等一批乡土气息浓厚、带有地方特色的公益宣传画。

阿巴嘎旗推广“践行社会主义核心价值观系列丛书”，其中《乡风文明大行动》《瑙敏的幸福生活》《阿巴嘎的那些人那些事》《道德模范风采录》《阿巴嘎部落新乡贤录》等在社会上引起强烈反响。新巴尔虎右旗协同中央电视台《发现之旅》栏目组、呼伦贝尔老年大学在宝格德乌拉山祭祀期间成功举办“美丽家园”走进新巴尔虎右旗公益演出及老年艺术展演活动。此外，新巴尔虎右旗还通过举办“百姓百天文艺汇演”“书香新右旗”活动，以及民族民间广场舞比赛、“文化和自然遗产日”非物质文化遗产展示展演等系列主题活动，让群众享受文化惠民成果。

2. 打造文化阵地，树立牧区新风貌

各嘎查文化站根据自身实际建立不同主题、不同特色的展览室。例如，查干淖尔苏木乌兰图嘎嘎查建立“我们的家风家训”展览室，从全嘎查牧户中选取党员中心户与老党员等的先进事迹及具有代表性的家风家训进行展览，增强先进典型的示范引导作用，引导牧民尊老爱幼、勤俭持家、重义守信、勤劳致富；洪格尔高勒苏木萨如拉图雅嘎查设立了村规民约墙、善行义举“四德”[①]榜，并开展了“十星级文明户”评选和展示活动，以多种方式宣传新时代牧民中的先进模范人物，发挥道德模范和“身边好人”的典型示范作用，树立牧区新风貌。

新巴尔虎右旗建立了苏木主题教育宣传基地，每个社区根据自身社区实际制定不同主题。例如，新巴尔虎右旗宝格德乌拉苏木拥有多个大型社区，多为牧民进城居住地，同时新巴尔虎右旗最大的中俄蒙商贸城也坐落于此，具有多民族性，因此其苏木主题确定为“党支部＋团结和谐”；克尔伦苏木人员密集，其苏木主题为“党支部＋民族文化”。

3. 推动家庭建设，弘扬良好家风

家庭是社会的基础。以践行社会主义核心价值观和爱国主义教育、家庭美德教育等内容为核心，阿巴嘎旗积极推动家风建设，持续开展星级文明户、文

① “四德”是指个人品德（仁德）、家庭美德（孝德）、职业道德（诚德）、社会公德（爱德）。

明家庭、最美家庭评选等群众性精神文明创建活动，实施文明户有牌匾、有国旗、有全家福、有家训、有读书角等“五有”建设工程，规范文明户“五有”建设标准。通过自我认星、家庭创星、组织评星、审核定星、公示得星、表彰挂星的评选环节，将文明户分为七星级、八星级、九星级、十星级4个级别，建立星级文明户一年一审核、文明星级可升可降的动态化管理制度。

新巴尔虎右旗积极选树道德模范典型。例如，克尔伦苏木耐日莫德勒嘎查的米德格玛荣获全国劳动模范、中国百名优秀母亲、内蒙古自治区道德模范等荣誉称号。此外，新巴尔虎右旗还积极开展“身边好人”评选表彰，举办寻找“最美家庭”“百孝之子”、好儿媳、好公婆、好邻居、好妯娌等活动，在各苏木（乡、镇）、嘎查（社区、村）设立善行义举“四德”榜，发动干部群众从身边熟悉的人群中挖掘模范、在日常生活里争当好人，弘扬良好家风，形成浓厚的道德文化氛围。

三、完善内蒙古牧区“三治并进”治理创新的路径建议

“三治并进”是内蒙古牧区现代化基层治理实践的总结与提升。“三治”是内容，“并进”是方法，“三治并进”将“三治”的功能更好地结合在一起，综合发挥作用。针对牧区人口居住分散、基层治理服务半径较大、工作人员不足等问题，需要从牧区实际出发推进党建引领“三治并进”基层治理创新路径，创新牧区自治、法治、德治的方法手段，全面提升“三治并进”治理水平。

（一）坚持把“自治强基”作为牧区治理的立足点，深化牧民自治实践

要进一步优化嘎查决策机制，强化牧区基层党组织的领导核心功能，推进牧区基层决策科学化、民主化、法治化。推行嘎查级“小微权力清单”制度和重大事项决策“四议两公开一监督”制度。健全牧区法律顾问服务机制，推进依法决策，实行重大决策合法性审查机制，对违法决策依法追究责任。适应牧民居住分散、外出务工增多等情况，推动“互联网＋”社区向牧区延伸，做到民情收集、议事协商、公共服务等村级事务网上运行。落实《数字农业农村发展规划（2019—2025年）》，构建牧区大数据平台，建立健全牧区管理决策支持技术体系。

要继续加强对嘎查进行网格化管理，将区域内所有人、地、物、事、组织等要素和服务事项纳入网格。开展牧民自治能力的培训是优化嘎查管理和牧民自治关系的切实切入点。在牧民自治过程中，嘎查应该进一步加强信息公开、

接受牧民监督，牧民可以通过嘎查所提供的各类协商平台有效、有序参与牧区治理，行使自己对嘎查公共事务的参与权、表达权和监督权，从而营造多元共治的良好治理氛围。完善牧民监督委员会制度，逐步提高牧民评议在嘎查工作考核中的权重。

此外，在培育和发展牧区各类基层社会组织的同时，要积极帮助这些组织主动承接政府购买的公共服务事项，开展居家养老、环境保护、慈善帮困等方面服务型、公益性、互助性的活动[4]。

（二）坚持把法治保障作为牧区治理的关键点，加强牧区法治建设

针对牧区法律顾问不足的问题，可通过推行政府购买服务等方式择优选择法律顾问，把专业能力强、工作作风正的律师吸收进法律顾问队伍；建立政府法律顾问专家库，推进各级政府法律顾问资源共享共用，解决基层和偏远地区优质法律资源匮乏问题；出台统一的政府法律顾问工作规范，明确法律顾问服务内容、服务标准、行为规范及对应责任[5]。

细化法律顾问提前介入范围，明确政府使用法律顾问的条件、要求和责任，促进法律顾问工作制度化、规范化；完善“以事前防范为主，事中控制、事后补救为辅”机制，扩大法律顾问参与度，使牧区各项活动全程置于法律规范之下，切实增强牧区依法决策、依法行政的能力和水平；加强对法律顾问的考核，规范管理，建立能进能出的更新机制；与财政部门协调，将法律顾问费用列入专项预算。

（三）坚持把德治教育作为牧区治理的切入点，提升牧区德治水平

要积极培育和践行社会主义核心价值观，充分发挥草原文化优势，通过身边榜样的示范作用、村规民约的约束作用、生活礼俗的教化作用，引导牧民群众明是非、辨善恶、守诚信、知荣辱，为推进牧区治理现代化凝聚起强大的精神力量[6]。

要加强牧区爱国主义教育和牧民道德建设，提倡讲家乡故事、忆良好传统、传乡音乡情。按照系统性要求，开展牧区读书会、红歌诵咏、感恩颂恩、道德实践、传统节庆等活动，开展孝敬父母奖、助人模范奖、“好人榜”等评选活动，加强各类宣传平台建设[7]。引导牧民群众从自我做起，培育高尚情操，养成科学、文明、健康的生活方式和行为习惯。开展牧民道德基本规范教育，推进牧区乡风文明建设，不断促进基层德治“根深叶茂”。

四、结语

“三治并进”并非自治、法治、德治三者的简单相加，而是将三者的功能更好地结合在一起，综合发挥作用，无论是自治、德治还是法治，都是相互贯穿、紧密联系的重要组成部分，三者缺一不可。“三治并进”是“三治”有效衔接、协同融入牧区治理体系的全面布局。作为内蒙古牧区现代化试点旗，阿巴嘎旗、新巴尔虎右旗坚持党建引领，着力构建自治、法治、德治“三治并进”的牧区治理体系，走出了一条牧区善治之路。其试点示范作用有益于内蒙古牧区构筑人人有责、人人尽责的共建、共治、共享牧区治理共同体，为牧区振兴注入强大动力。

参 考 文 献

［1］王关区．我国草原牧区经济的改革与创新［J］．内蒙古社会科学，2009（2）：105-109.

［2］内蒙古自治区研究室，内蒙古自治区农牧业科学院．内蒙古牧区现代化研究［M］．北京：中国发展出版社，2022：249-250.

［3］实践杂志社联合调研组．吉祥草原　学习之路：锡林郭勒盟建设学习型服务型创新型党组织纪实［J］．实践（思想理论版），2013（8）：25-29.

［4］黄立侠．加强社会组织建设及管理的思考［J］．决策与信息，2015（11）：126-127.

［5］高戬生，李鹰，洪利民．法治乡村建设背景下更好发挥村（社区）法律顾问作用的探索与思考［J］．中国司法，2021（2）：73-78.

［6］郭声琨．坚持和完善共建共治共享的社会治理制度［J］．长安，2019（12）：8-12.

［7］金磊．着力营造崇德向善的社会氛围［J］．奋斗，2020（4）：37-38.

政府责任契约制及其演进路径

——基于内蒙古自治区牧区劳动力转移就业调查

王利清

负责任是现代政府应当具备的主要品质，只有对公民负责任且权力受到限制的政府才是责任政府。责任政府行使的每一项权力背后都连带着一份责任。契约既是手段又是观念，其强大的渗透力越来越明显，契约不仅在政治、经济、社会等众多领域发挥功能，而且在行政管理活动中也凸显出其特有的功能，与行政的结合越来越紧密。契约理念丰富了行政手段，促进了行政的民主化进程。

一、责任契约制的产生

2010年8月，课题组在内蒙古自治区乌兰察布市四子王旗开展了“牧区转移劳动力对政府的信任度”的问卷调查。此次调查的抽样方法采用多阶段抽样法。考虑到样本总体的规模、抽样的精确性、总体的异质性程度以及研究者所拥有的经费、人力和时间等因素，此次调查共发放问卷500份，回收有效问卷476份，回收率95.2%。在调查中，关于“您认为当前政府与民众的关系是怎样的”这一问题，认为政府与民众之间是“管理与被管理”关系的高达62.7%，认为是“统治与被统治”关系的占14.8%，而认为是“服务与被服务”关系的只有15.1%，认为是“合作互动”关系的也只有7.0%，此外有0.3%的被调查者选择“其他”。由此看出，政府在推进转移劳动力就业过程中对民众进行管理和统治的作用突出，而代表政府服务性特征的服务与合作互动的作用还相当欠缺。

政府与民众之间的沟通能够反映出信任主体的情感需求。因此，可以从政府与转移劳动力的沟通和互动角度考察政府与转移劳动力之间的信任关系。在调查对象对“您认为政府部门会听取您关于劳动力转移就业的意见吗”一题的回答中，回答“一般会”的只有5.8%，回答“有时会、有时不会”的有46.5%，回答“一般不会”的高达47.7%。由此可以看出，政府与转移劳动力之间的沟通和互动仍有所欠缺，而这也在某种程度上反映出转移劳动力对政府的信任度较低，转移劳动力的需求并未得到较好的满足。

课题组还考察了政府对转移劳动力需求的满足状况，对于“政府为劳动力转移就业提供服务，增加了就业渠道”这种说法，调查对象中表示“比较同意”的有28.6%，表示“非常同意”的有4.8%，两项加起来也只有33.4%。而对于“政府能够统一组织劳动力转移就业”这种说法，表示“比较同意”的只有28.68%，表示“非常同意”的有6.5%，表示“不太同意”与“非常不同意”的分别占36.8%和7.9%。这说明转移劳动力对政府不满意与不信任的现象在某种程度上普遍存在。

在劳动力转移就业推进过程中，政府的信任度取决于如何为转移劳动力提供就业渠道、能否提供转移劳动力所需的服务、能否让转移劳动力的生活和经济收入有保障等，即转移劳动力对政府的信任度取决于转移劳动力的满意度。因此，课题组以转移劳动力的满意度作为衡量转移劳动力对政府信任度的指标，并将该指标进一步细分为6个二级指标，即转移劳动力对政府干部、劳动力转移就业政策、转移就业服务体系、乡镇企业发展、转移就业的组织化程度、转移就业方式的满意度。在6个二级指标下又分了26个具体的影响因素。同时，借鉴卡明斯（L. L. Cummings）和布罗米利（Philip Bromiley）的组织信任量表，将农牧民的态度分为满意、一般、不满意，分别设定为无量纲数值1、0.5、0，以此作为权数（k）。根据转移劳动力对设计选项的选择，统计出每种尺度下的受访者数量（T），加权平均求出转移劳动力对政府的满意度（S），其数学公式为

$$S_{ij} = \sum T_{ij} \cdot k/N$$

式中：S_{ij}表示转移劳动力对政府的满意度；i表示第几个大类，本次问卷调查包括政府干部、劳动力转移就业政策、转移就业服务体系、乡镇企业发展、转移就业的组织化程度、转移就业方式6个大类；j表示每个大类下第几个具体的影响因素；T_{ij}表示相同农牧民态度所对应的受访者数量；k表示农牧民态度的权数；N表示受访者总人数。

根据调查问卷统计，转移劳动力对政府干部、劳动力转移就业政策、转移就业服务体系、乡镇企业发展、转移就业的组织化程度、转移就业方式的满意度分别为0.573、0.362、0.587、0.438、0.359、0.312。基于以上6个二级指标满意度的分析结果，课题组得出牧区转移劳动力对政府的满意度（S）为

$$S = (S_1 + S_2 + S_3 + S_4 + S_5 + S_6)/6 = 0.438\,5$$

式中：S表示转移劳动力对政府的满意度；S_1、S_2、S_3、S_4、S_5、S_6分别表示转移劳动力对政府干部、劳动力转移就业政策、转移就业服务体系、乡镇

企业发展、转移就业的组织化程度、转移就业方式的满意程度。

该值说明，在牧区劳动力转移就业过程中，转移劳动力对政府的信任度比较低，这一情况很容易使政府陷入合法性危机。政府权威的合法性建立在被统治者（民众）一致同意的基础上，但其关注的不是民众是否已经同意服从政府，而是政府是否值得民众同意。社会契约理应把民众放在一个相对于其统治者（政府）更为有利的道德立场上，统治者（政府）既要受到他们与民众之间的契约约束，又要受到自然法的约束。如果统治者（政府）被认为是失职的话，其合法性就自动丧失[1]。但是，政府责任结果具有高度的不确定性。信息不对称、多重委托代理关系、多重委托代理目标和效用函数等因素，使政府责任的结果难以预测。集体行动带来的巨大代理成本迫使委托人必须对代理人进行广泛授权。“有限理性”下的委托人难以控制代理人的未来策略选择，拥有信息优势的代理人同时也是理性的“经济人”。

因此，必须以责任契约制的方式对政府权力做出限制。在外在约束条件下，国家或者主权者将政府责任界定在一个合理的边界之内，纳入“公意”的支配之下，有效缓解政府的合法性危机。政治责任是公共权力能否获得合法性的前提。民众的政治服从建立在公共权力行使者能够很好地履行政治责任的基础上，只有公共权力行使者很好地履行政治责任，才能赢得民众持久而稳定的政治服从。为了更好地实现社会公共利益，政府和民众以契约作为主要手段，与其他社会治理主体共同实现对政府责任的有效管理，从而使民众的根本性利益得到实现和保护。责任契约制的实质是基于不信任通向形式信任的手段，使政府与民众之间建立起契约型的信任关系。

二、政府责任契约制的多维蕴含

在经典政治理论中，政府往往被视为社会契约的产物，“这一切都没有别的目的，只是为了人民的和平、安全和公众福利”[2]。在等级制关系或委托代理关系中，要确保被授权人的行为最终符合所有人的期望，就需要各个阶层、各个利益集团甚至每个人与政府在相互作用、相互制约中形成责任契约制，最大限度地实现责任政府。每个利益集团甚至每个人都可以在法律程序内对政府责任各抒已见，保护自身的利益。

（一）法律手段是责任契约制的载体

“一项契约无论什么内容，都会在当事各方中间创设法律。”[3]在责任契约制下，行政主体与行政相对人之间的关系是双方通过契约建立的一种长期性关系，以法律作保障，其关系更加牢固、稳定与持久。责任契约制是政府与其负责的对象（即全体民众及他们的代表机关）根据一定的规则和程序订立行政合同，由行政主体单方承担法律责任。如果行政机关违法行使行政职权或者不依法履行行政职责，那么它必须对因此产生的法律后果承担责任。行政机关所承担的责任是因违法或不当行使权力而引起的，是基于民主行政的国家意志将行政责任规制于法律及法治环境的一种行政责任的契约化形态转化。契约机制是政府的行政部门与政治体系之间的重要关系，契约机制将政府的行政部门与政治部门联系在一起，通过法律追究来落实政府责任。责任契约制的核心在于要求政府和官员必须对其行为负责。

（二）人民控权是责任契约制的本质

在责任契约制下，公共权力的最终拥有者和委托者是人民。人民通过责任契约制控制公共权力的受托人、行使者即政府及其行政人员，从而实现责任政府的各项责任，防止政府在行使权力的过程中脱离人民的控制而异化变质。责任契约制依靠法律控制政府责任。社会主义法律是人民意志的集中体现，主张法律至上就是主张人民利益至上。政府权力的行使受法律控制，也就是受人民的控制。因此，责任契约制的本质是人民控权。

责任契约制作为与国家的政治架构和法律运作紧密相关的控制手段，是民主政府的基本要求。民主政府必然是责任政府，政府只有在真正履行其责任时才是合法的。作为民主政治时代的基本价值理念，责任政府理念要求政府必须回应社会和民众的要求并加以满足。责任契约制的核心问题是保证政府官员依法履行责任，其基本原则是保证政府机关向代表机关和民选官员负责，并最终向人民负责，从而确保人民对政府的控制，实现人民控权[4]。

（三）责任契约制是政府责任外部控制机制

可控性是政府责任分析的起点。作为一种制度安排，责任契约制是通过司法权力制约行政权力，确保行政机关可控制性的外部控制手段。政府责任契约制的重要目标是控制政府机关的行为，防止政府滥用自由裁量权。为了保证责任的可控性，需要以立法权力制约行政权力、以司法权力制约行政权力，以确保政府行政符合人民的意愿。

责任契约制通过制定一系列的指标，把政府的整体责任转化成政府官员的个人责任，实现其操作性和实用性。当政府机关的行为侵害人民的权利时，应像其他法人组织一样承担赔偿责任，当今许多国家都制定了国家赔偿法，政府赔偿的范围几乎覆盖了所有的行政领域。责任契约制是对政府不负责任的各种行为进行制裁和控制的机制。政府必须对自身的行政行为负责，并因各种不负责任的行为而接受相应的追究和制裁。责任契约制的目的是以契约制约政府、以契约制约权力。

（四）责任契约制具有非人格化与规约性

在责任契约制中，政府与其负责对象的契约关系是一种法律关系，具有法治化的自觉性、非人格性和规约性的特点。责任契约制不是一种合法交易，而是以工具理性的方式实现责任政府的服务性，这种制度性承诺以非人格的制度构架及客观运作为保证，具有客观确定性。责任契约制一直强调合法性、透明性、责任性、法治化、回应性和有效的权力运作方式，在一定程度上既能够避免因权责不明或不作为造成的形式主义、官僚主义，又可以保障、限制政府服务对象的权利和义务。一旦出现违约行为，政府可以对当事人进行惩罚，以保障国家行政目标的实现。同样，当事人也可以因政府的失职或不作为，申请相应的行政补偿，直至放弃对政府的信任。当双方争执不下时，因为契约关系的存在，可以通过正常的法律途径对相关争执进行处理。

契约蕴含着平等、自由、功利和理性精神，支配契约发生、发展的是利益逻辑。权利和义务与责任是一种前后决定并相互对应的关系，权利和义务是责任存在的依据和正当前提，缺失权利和义务，会导致“责任中心主义”的复辟。责任契约制是将权利和义务与责任融为一体的机制，其内在的法治精神要求将其确立的特定权利和义务与相应的责任以不同的法律体系和制度表现出来。

（五）责任契约制是民主色彩的彰显

民主是责任契约制的基础。现代民主行政强调公民参与行政的过程，而契约是基于双方（或多方）主体地位平等的对话、协商和意见一致。现代行政是服务行政，其最终目的在于为民众服务、为公共利益服务，而契约通过平等协商、沟通、对话等方式展现了民众参与、行政服务于民的特点。

责任契约制抛弃了等级分明、规则导向、向上负责的官僚制，趋于结果导向、服务导向，具有高度回应性、参与性、公开透明和直接对公众负责的后官僚制特性。责任契约制弱化了行政行为的单方性与命令性。契约理念的引入有效弥补了权威型行政方式的缺陷。通过责任契约制的方式，政府可以大大降低行政成本，提高行政效率，改善服务质量。同时，政府仍然保持对市场的适度干预，继续向社会提供必要的公共物品与服务，在政府内部实现“掌舵”与“划桨”的分离。责任契约制的建立是为公众服务、对公众负责。

（六）责任契约制迎合“善治”理念

现代政府追求的是“善治”，而“善治”的本质是政府与民众对公共生活的合作管理，是双方利益实现的最佳状态。契约理念蕴含着对人格的尊重、对人作为独立主体的承认、对相互依赖的认可，注重平等、互利与互惠、双方的合作与合意、约定的对价、诚信守诺等理念。在政府责任中确立契约理念，是为了提高行政效能，弥补行政权力手段在管理中的欠缺，以契约的形式丰富行政手段，以契约精神指引行政活动。可见，契约理念与行政权力手段在本质上具有同一性，这种同一性为二者的结合提供了可能性。

“善治”的使命是维护社会公平与正义的责任，即建立一个高度负责任的政府。在当今中国现实的政治生态下，政府权力作用于民众的力量还很强大，因此，必须确立一种能够从相反方向平衡这一力量的反作用力。换言之，即从民众的角度形成对责任政府的张力机制。

三、政府责任契约制的演进路径

政府责任契约制的形式并不是一成不变的，在其确立、发展和成熟的不同阶段，相应地存在着保护公民利益的行之有效的不同契约形式。不同类型的契约确保政府与其责任对象间关系的形成、演变和发展，即政府与其责任对象关系的不同阶段会对应形成规制关系的不同契约类型。显性契约的制定和相互认可促使组织间具有一定的法律约束，不仅提升了行政行为的可信赖度与可接受性，而且避免了潜在的冲突和争执，改善行政主体与行政相对人的关系，有利于行政秩序、社会秩序的稳固。随着民众对政府信任的增强，政府与其责任对象之间在契约维系下保持着持续、稳定的协作关系，双方逐渐形成对价值观、行为模式、期望等的共同理解，构成相互依赖、彼此协作的合作契约。责任契约制的目的是达到政府与民众的心理契约。心理契约暗含政府与民众双方的期望、权利和义务等。心理契约虽然是无形的，但心理上的默契能够使政府与民众找到共同的目标和价值标准。在合作契约创造的隐性交易环境或氛围中，政府会形成一系列关于民众应有权利的承诺及责任的感知，这些感知是政府所必须接受的、公民对政府行为最基本的价值观上的要求，这种要求是内在形成的，是政府行为的道德基础。道德契约是政府行政的公共责任，是政府行使职权所应具有的公共精神。所以，政府责任契约的形式演变路径应该是显性契约→合作契约→心理契约→道德契约。

（一）显性契约：责任契约制的基石

民众对政府的信任程度低，意味着民众对政府正当性的质疑，说明处在委托—代理关系链条中的政府在运行过程中出现了问题。显性契约规范行政权力，遵从法律规范，依靠第三方（如法庭）强制执行双方的书面协定条款。责任双方在不同程度上就具体责任事项达成一定的书面协定，依靠显性契约提升行政效率和政府信任度。显性契约也使行政主体与行政相对人的关系得以稳定和持续。显性契约涉及双方（或多方）主体，即行政主体与行政相对人、其他行政主体与行政相对人或者行政主体之间的关系。一旦缔约，一般来说，从达成协议到实现协议，都表明所涉及的主体具有契约关系。复杂和多元的行政管理使行政机关追求与民众的合作而不是对抗，追求与民众确立良好的、稳定的、长期的伙伴关系。行政机关只是契约合作的一方，必须依赖其他主体（组织与公民）和社会资源，在此情形下，自上而下地发号施令以及强制的程度被削弱，权力的色彩越来越淡化。

（二）合作契约：责任契约制的取向

合作契约是一种包括共同参与、共同出力、共同安排、共同主事等互动关系的契约形式，它可以强化民众对具有公共性、社会性与公民性的“系统”或“制度”的信任，为实现民众与政府间关系的健康发展提供保障。合作契约是对以政府管理、统治为主导的社会治理体系的超越，并确立起一种合作理念，这种合作理念在承认形式化对陌生人社会的必要性的同时，寻求社会同质化的道路，它超越了对社会的异质性仅仅谋求形式化同一性补救的做法，而且在对形式化加以补救的同时，发现价值因素在同质化中的作用。合作契约以服务的精神取代了控制导向原则，以合作的和谐观取代了控制的同一性追求，以合作体系的总体性取代了控制体系的整体性。

（三）心理契约：责任契约制的升华

责任契约制只是外在于人的被假定的秩序或规则，其最终目的是达到政府与民众的心理契约。心理契约是当事人在特定时期和特定条件下对对方所承担责任的期望，难以用正式的书面文件或口头形式予以表达。心理契约形成的基础不是法律和制度，而是道德、责任、习惯、信任等人文因素，契约的履行不具备法律上的强制性。在近代社会的治理体系中，法律被提升到一个极高的位置上，人们往往把法律以及法律制度看作是近代以来社会治理体系的总体特征。但是，这种基于契约并为契约提供保障的法律其实只是一种外在的强制性力量，如果不转化成民众心中的“法”，民众就会对它采取阳奉阴违的态度，就不存在对它的自觉遵守，法律也就很难落到实处[5]。

（四）道德契约：责任契约制的超越

政府责任契约制的实质是政府通过其功能对社会中所有成员做出的承诺，在实质意义上是政府责任承诺的制度化。非制度性的个人承诺是以个人人格为担保的，以凭经验或感觉获得的个人印象为依据，具有主观不确定性。而制度性承诺则以非人格的制度架构及其客观运作制度为保证，具有客观确定性。制度性承诺使生活在陌生人社会中的个人获得了某种可以依赖的客观性依据，使其行为具有了可预期性，进而也拥有了安全感。所以，契约型信任作为政府与民众之间的信任，是深深植根于现代制度性承诺及制度性承诺的可信任性中的。正是制度性承诺及制度性承诺的可信任性使契约具有了承载信任的载体功能。

政府责任契约制的建构过程遵循的是工具理性，在运行时遵循的是形式合理性。建立在工具理性基础上的行政体系由于追求形式合理性和科学性，使行政人员道德价值发挥作用的空间不再存在。所以，行政人员处于一种普遍的道德不作为的境遇。行政人员的道德动力不再发挥作用，因而会变得更关注个人的利益，表现出对权力的热衷和对感官享受的追求。因此，责任契约制作为民主政体中确保行政责任的外部控制手段是不完善的，同时必须要求行政人员符合伦理准则的要求，有效运用专业知识，坚守职业道德。伦理是行政人员对其行为的一种“自我责任”、一种内部控制，是行政人员自身对责任的感受，包括忠诚、良心以及认同。这种内部控制需要行政人员遵守一系列的外部标准才能实现。这就要求确立相应的伦理责任机制。

四、结语

责任契约制通过法律手段对行政权力进行有效控制，实现了契约手段与权力手段、契约理念与权力理念的有机结合。责任契约制与现代公共行政重视民主、重视人性尊严的理念保持一致。在契约与权力两种理念恰当结合的基础上，政府责任的实现在未来的发展方向上必须顺应现代公共行政的发展趋势，在价值取向上更加倾向于契约理念。但是，我们在建构责任契约制的同时，也应当意识到契约的局限性。责任契约制固然很重要，但还不足以构成现代社会实现经济繁荣和增进民生福祉的充分条件。如果一套制度要运作顺畅，还必须配合若干传统的社会习惯与伦理习惯。所以，形式化、工具性的责任契约制并不是一种理想的社会治理方式，而是一种在特定历史发展阶段的选择依赖。

参考文献

[1] 莱斯诺夫 M，等．社会契约论［M]．刘训练，李丽红，张红梅，译．南京：江苏人民出版社，2006：15.

[2] 洛克 J. 政府论 [M]. 翟菊农，叶启芳，译 . 北京：商务印书馆，2005：68.
[3] 韦伯 M. 经济与社会 [M]. 阎克文，译 . 上海：上海人民出版社，2010：825.
[4] 孟祥锋 . 法律控权论：权力运行的法律控制 [M]. 北京：中国方正出版社，2009：126.
[5] 张康之 . 基于契约的社会治理及其超越 [J]. 江苏社会科学，2006 (3)：101－107.

嵌入式视角下草场“三权分置”改革的实践考察

——基于内蒙古鄂托克前旗的实地调研

路冠军

“三权分置”是指在草原确权承包工作的基础上，通过集体所有权、承包权和经营权分置，放活草原经营权，解决生产资金不足和草原资源利用不充分的问题，推动农牧业规模经营，加快实现畜牧业现代化。因此，“三权分置”改革是完善农村牧区草场管理、规范草场流转的基础和保障，是党和政府推进土地产权改革的重点工作。2016 年 8 月 15—29 日，笔者前往全国草场“三权分置”改革首个试点旗（县）——鄂尔多斯市鄂托克前旗，对当地的“三权分置”改革推进情况进行了调研。调研发现，截至 2016 年，内蒙古自治区草场确权工作已向前迈出了一大步。地方政府在试点“三权分置”改革的过程中开展了许多积极探索，形成了一些较好的经验和做法，但也暴露出一些问题，例如“三权分置”改革并未有效推进草场规模流转、草场分配不均衡、少数基层牧民深陷债务危机等。

一、草场“三权分置”改革试点的成效

鄂托克前旗地处内蒙古、陕西、宁夏三省份的交界处，位于内蒙古自治区的西南部，是一个以蒙古族为主体的民族地区。全旗土地总面积为 1 833 万亩①，其中草原面积 1 661.88 万亩，占全旗土地总面积的 90%以上。2012 年以来，鄂托克前旗稳步推进草原确权各项工作，建立健全草原数字化管理体系，在草原承包“双权一制”（即草场的所有权、使用权和承包经营责任制）的基础上，按照外业打点、信息采集、矛盾调处、软件研发、内业录入的步骤对全旗天然草原进行确权登记。

2015 年，鄂托克前旗以昂素镇哈日根图嘎查为改革试点，先行先试，开

① 亩为非法定计量单位，1 亩=1/15 公顷。——编者注

展草原“三权分置”试点工作，2016 年 5 月 18 日，农业部草原监理中心和内蒙古自治区农牧业厅、草原监督管理局领导以及有关地方政府负责人在鄂托克前旗哈日根图嘎查举行草原“三权分置”颁证试点工作启动仪式，为 51 户农牧民、10.47 万亩草牧场颁发草原承包权证、草原经营权证。草原承包权证和经营权证的颁发标志着内蒙古自治区乃至全国的草原确权工作将踏上一个新的台阶。

二、鄂托克前旗“三权分置”改革的经验

（一）切实保障草场有序流转和规模流转

流转草场必须是经过草场确权的草场，四至清楚，无草场争议，并且草场流转必须经过所有共有产权人签字确认后方可提出，双方签订《鄂托克前旗农村牧区土地草原承包经营权转让合同》（以下简称流转合同），在流转合同中明确约定了转让标的、转让期限、转让费、支付方式和时间、经营权转让的交付时间和方式、承包经营权转让和使用的特别约定、违约责任、争议处置方式、生效条件和其他条款。流转合同经草原所有权单位嘎查委员会和村民代表分别签字同意后，报苏木（乡、镇）人民政府、旗草原行政管理部门审核备案后生效。

试点工作办法中明确要求，采取转包、入股、出租方式流转草原经营权的，申请办理经营权证变更手续时，必须满足以下条件：流转期限 5 年以上；草原总面积 3 000 亩以上的，流转面积须达到总面积的 1/3 以上；草原总面积 3 000 亩以下、500 亩以上的，流转面积须达到总面积的 1/2 以上；草原总面积 500 亩以下的，须全部流转。类似规定有效保障了通过流转促进草场规模经营的现实可能性。

（二）切实保障流转草场牧民基本生活

2015 年出台的《鄂托克前旗农村土地承包经营权流转办法》中规定，草场转让方必须一次性地向社会保险部门缴纳最低缴费年限 15 年的城乡居民养老保险金。这一规定明确体现在流转合同的“特别约定”条款中。该条款还具体约定：转让时符合条件的，当时缴纳；转让时不符合养老保险缴费条件的本家庭成员，待其符合条件后由转让草场的牧民一次性缴纳。鄂托克前旗社会保险事业管理局在银行设立“农村牧区流转土地农牧民养老金专户”，农牧民将养老金按规定打入该账户，鄂托克前旗社会保险事业管理局出具书面证明（已参加工作且单位已经代缴养老保险的家庭成员，也必须由工作单位出具书面证明）。凭书面证明和缴费凭证，草场转让方可向鄂托克前旗草原行政管理部门

申领新的经营权证。

（三）高度重视流转草场监管

针对流转草场可能出现的掠夺性经营问题，流转合同规范文本中明确约定："流转后的草场不得改变畜牧业经营用途，不得掠夺性经营，不得给土地草场造成永久性伤害，并负责保护好承包土地或草场上的林木、排灌设施等国家和集体财产。"为做到有效监管，鄂托克前旗创新管理方式，自主研发了数字草原管理系统。该系统借助"3S"［遥感技术（RS）、地理信息系统（GIS）和全球定位系统（GPS）］监测技术，可以实现对草原动态监测和管理。截至2016年，该系统已录入涉及确权认定的43 990名农牧民的180多万条信息，制作小版图1.4万份，这些翔实的数据为科学监管草原奠定了坚实基础。通过定位草场并对比不同时期该草场草质的变化，可以测算出冷季和暖季的载畜量，为后期落实草畜平衡和禁牧休牧、实现以草定畜提供可靠的数据支撑。更重要的是可以跟踪流转草场经营管理情况，对流转后遭到严重破坏的草场，鄂托克前旗草原行政管理部门能精准定位，核减载畜量，直至终止流转合同。

（四）切实加强矛盾纠纷的化解

调查中发现，随着草原生态奖补政策的实施、草场确权和"三权分置"改革的推进，牧民对草场的重视程度不断增强，与草场相关的各种矛盾纠纷逐渐增多。最常见的纠纷是草场边界纠纷，试点工作中凡是存在草场边界纠纷未确权的，暂时不颁发经营权证书；其次是家庭内部因要求分户和分割草场产生的纠纷；还有一种纠纷也很常见，就是以往价格较低时转让了草场，现在因为生活困难或草场租赁价格上涨等因素又想收回草场经营权而引发的纠纷。如果上述纠纷得不到有效解决，将会严重影响政策实施效果。因此，鄂托克前旗有关部门通力合作，切实加强对这些矛盾纠纷的化解。

1. 草场权属界线纠纷

过去技术条件有限，对于草场边界更多的是一个描述性概念，例如"山坡东头是你家，山坡西头是我家"等。这种含混模糊的划分方式导致了现在的很多纠纷：有的牧户因为老人去世了，年轻人不清楚草场的界限而引发争执；有的牧户有几个儿子，确权的草场登记在谁的名下有待商议；有的牧户虽然权属边界没有变化，但是通过GPS定位测量计算出来更精确的草场面积，和原来不一样；有的已经流转的草场，重新测量后面积比当年流转时有所增加，于是原先的牧户想得到更多的流转费。目前，鄂托克前旗在对边界地标打点时，除了依赖GPS仪器定位，还要求相邻牧户必须全部到场，当场确认、当场签字按手印认可。同时，为了保障确权工作的顺利进行，草原权属审核由嘎查（社区、村)、苏木(乡、镇)人民政府、旗草原监督管理部门三方共同完成。计算出的草场面积会在嘎查(社区、村)公示1个月,无权属争议后,农牧户可以换发新的草原承包权证和经营权证。

2. 流转合同纠纷

由于近年来草场流转租金价格大幅上涨,许多已转让草场的牧民想重新收回草场;有的牧民因为草场租金已消耗殆尽,又没有找到新的职业,失去了稳定的生活来源,想收回草场。针对上述矛盾纠纷,鄂托克前旗成立了土地承包仲裁委员会以及由农牧、林业、法院等相关部门组成的矛盾调处工作组,形成了“嘎查调解、苏木行政调解、旗仲裁厅仲裁,若还是不服,最终通过法院解决”的良性机制,引导当事人通过仲裁、司法等程序解决,把矛盾化解在基层。截至2016年,旗、苏木两级共调解仲裁土地草场确权案件594起。

【案例1】

被驳回的仲裁请求

2002年8月,申请人朝××及其家庭成员与被申请人刘××签订了草场承包经营权转让合同,其中约定:申请人朝××将原自家经营的3 064亩草场中的2 020亩以9.09万元的价格转让给被申请人刘××,转让期限为2002年8月4日—2028年12月31日。该合同经发包方哈沙图嘎查同意,并经布拉格苏木备案。2015年6月,申请人朝××以被申请人刘××在签订合同时为城镇居民,不具备流转草场的条件,和被申请人在受让草场后非法流转草场为由,向仲裁委员会提出确认2002年8月签订的草场承包经营权转让合同无效。仲裁委员会经审理认为,双方在平等自愿的情况下签订流转合同,系双方当事人真实意思的表达,而且双方当事人已经按照合同约定履行了合同的权利和义务,转让行为符合草场流转程序,确认合同无效的主张无相关事实与法律依据。因此仲裁委员会裁决,驳回申请人的仲裁请求,双方应当遵循诚实信用原则,按合同约定继续履行权利义务。

——资料来源:鄂托克前旗土地承包仲裁委员会仲裁裁决书。

针对类似纠纷,仲裁委员会本着稳定草场流转关系的考虑,会驳回仲裁请求。有一位仲裁负责人说:“只要事实清楚、程序规范、没有违背法律,我们还是要求双方继续履行合同。”

三、草场“三权分置”改革存在的问题及其探析

(一)“三权分置”改革并未带来大规模的草场流转

“三权分置”改革的初衷是进一步促进草场的规模流转,但笔者在调查中

发现，并未因“三权分置”改革的推进而出现草场流转增多的情形。究其原因，主要有以下几点：

1. 急转直下的畜牧业市场行情

自2014年7月以来，羊肉价格持续下降，收购价由最高的每千克54元一度跌到每千克30元；羊皮价格从每张上百元跌到2016年的每张2元。畜牧业市场一片低迷，养殖收益下降，同时养殖成本却不断在增加，牧草从每吨1 000元涨到现在的1 200元，羊只存栏数越多越赔钱，租赁草场的牧民更是无利可图。例如，按10元/亩的草场租赁费用计算，流转1 000亩就需要1万元，这1 000亩草场按现行草畜平衡标准最多饲养50只羊，1只羊在3个月禁牧期（3月20日—6月20日）内需要180元饲草费，50只羊的草料费就是0.9万元，按每只羊500元的较高售价算，50只羊的销售收入仅有2.5万元，除去草场租赁费、饲草费用、防疫费用、水电费用和人工费用，很难有盈利空间。总之，在国内外诸多市场因素的综合影响下，成本日益走高而收益日益走低使得有意愿租赁草场养羊的人越来越少。在这一背景下，很难推进草场规模流转。

2. 富余劳动力转移就业受阻

自2009年开始，哈日根图嘎查积极组织富余劳动力转移就业；2011年，该嘎查被鄂托克前旗政府确定为城乡统筹试点；2012年，该嘎查经统计共转移78户278名牧民，其中劳动力137名（表1），转移户数占嘎查所有户数的36%。外出人口中，90%是外出务工经商，外出地点集中在本旗（县）或内蒙古自治区，选择自治区以外的人数较少。

表1　2012年哈日根图嘎查劳动力转移就业区域

转移就业区域	劳动力人数（人）	占比（%）
村外乡内	30	21.9
乡外县内	32	23.4
县外市内	69	50.3
市外区内	2	1.5
区外	4	2.9
合计	137	100

近年来，农牧民外出务工的人数减少。曾经担任哈日根图嘎查党支部书记的一位村干部说：“前几年往外走的人较多，现在往外走的基本停了。这两年许多人在外求职不顺利，同时还要承担高额生活费用，因此选择回乡继续从事畜牧业。”2016年统计数据显示，哈日根图嘎查有217户牧民，其中常住户为

165 户，转移户为 52 户，转移户数量与 2012 年相比减少 26 户。主要原因是近年来国内经济面临下行压力，许多行业不景气，许多转移户被迫回到牧区。例如，选择回乡创业的高某和刘某以前分别在乌海煤矿企业、包头建筑企业工作，草场则成为这些回乡创业牧户的生存来源。这些回乡创业的牧户都是嘎查劳动力中的佼佼者，他们回乡经营草场的经历无形中影响了嘎查其他人，很多牧户不会轻易选择外出务工，更不会轻易地选择长期流转草场。

3. 新型牧业经营主体缺乏

鄂托克前旗于 2015 年制定的《鄂托克前旗农村土地承包经营权流转办法》中提出："鼓励向本旗内种养大户、农牧业经济合作组织、符合流转条件从事农牧业生产经营的企业流转。"但是，笔者在调查中发现，本旗中种养大户非常少。当地农牧民人均在农村信用联社借贷 20 万元，很难再借入资金进行扩大再生产。虽然当地也成立了一些合作社，但是真正能够盈利并形成规模优势的比较少，难以实现统购统销、共同生产经营。哈日根图嘎查内有一家从事农牧业生产经营的企业名为"恒科农牧业科技开发公司"，作为一家有实力的地方龙头企业，不仅帮嘎查修通了连接主干道的柏油路，而且入股当时嘎查内的一个养羊合作社，可是因为羊肉价格下跌，该企业直接亏损 30 多万元。该企业还从 5 户牧民手里以 450 元/亩的价格成片流转了 7 800 亩草场，现在养殖了 150 头牛、355 只羊，草场流转费用先行给付了一半，剩余部分以借贷方式逐步偿还。该企业雇用的工人说："企业这几年一直赔，只是靠做路桥项目的母公司接济以及政府的一些补贴才能勉强维持下来。"这令许多想流转草场扩大经营的牧民心存犹豫，担心流转草场的资金和草场建设费用能否收回。

(二)"三权分置"改革过程中凸显一些社会问题

调查中发现，随着草原生态奖补政策的有效落实、草场确权和"三权分置"改革的推进，牧民对草场经营的重视程度也逐步增强，但同时一系列社会问题也随之凸显，主要表现在以下几个方面：

1. 草场分配不均衡问题

现有草场主要是基于 20 世纪 80 年代的人口分布状况（而非人口数量）进行分配的，人口稀疏的区域人均草场较多，人口聚集的区域人均草场相对较少，有关方面秉持"增人不增草场、减人不减草场"的原则，不再重新调整分配。许多嫁入牧区的人口和新生的人口均无草场，而许多实际上已经走出牧区不再经营畜牧业，并且另外有稳定收入来源的人仍然持有牧区户口并占有草场。起初，牧民的草场占有观念不强、生计问题并不突出，草场分配问题并未受重视；近年来，伴随着 2006 年牧业税的取消、2011 年国家生态奖补机制在内蒙古自治区的推行以及草场租赁价格的日趋上涨，草场开始成为一种稀缺资源，牧民也开始关注草场分配不均衡的问题。

针对上述问题，内蒙古自治区政府曾开展非牧民占用牧区草场问题的专项清理，一些地方政府也做出一些实践探索。例如，乌审旗的一些嘎查集体之前仍然保留着定期适度调整草场的权力，据当地一位曾经的嘎查干部孟克介绍："嘎查会在草场人均占有较多的地方划出一部分给新生人口，分配之后是自主经营还是向外租赁，全凭自主选择。"而草场确权和"三权分置"改革之后，这种调整的可能性被减小，草场的集体所有权地位进一步被"虚置"，草场分配不均衡的问题进一步凸显。

2. 牧民债务危机问题

在鄂托克前旗调研期间，笔者深切感受到许多牧民的债务压力较大。债务产生行为的主要原因包括：①高消费，许多牧民跟风攀比消费轿车、苹果手机等奢侈品，人情消费也水涨船高；②为了争取别墅、自住房等建设项目，贷款解决个人自筹部分；③当时很多金融机构也放低了信贷门槛，刺激牧民提前消费。牧民普遍缺少金融风险防范意识，在牛羊肉市场行情较好时，债务风险并不严重，但是当近两年突然遭遇市场行情暴跌时，牧民的还贷压力骤增，许多牧民无钱维持生产、生活，陷入"濒临破产"的困境。当地农村信用社为了降低金融风险，将放贷期限缩短为一年，牧民必须在每年9月还清贷款后才能申请新的贷款，否则就列入"黑名单"。许多牧民为了还清贷款，只能选择高利贷。

【案例2】

被迫宣布破产的牧民

牧民甲因为借贷购买喷灌设备、养牛、养鸡、养猪以及"跑项目"，先后向二十几户牧民借高利贷120万元，由于上述项目陆续经营失败，累计欠下了175万元。当事人甲承受不住这种压力，曾经自杀未遂，不得不对外宣布破产。他请来了所有的债权人、嘎查的领导、中间人说明情况，拿出所有的家产请债权人定价还债。最后，定下来流转1 600亩草场，收入为7万元/年，流转300亩水浇地，收入为20万元/年，并以1 000元/只的价格卖出200只羊。几年后甲顺利偿还了债务。此事一时间在当地成为新闻。

访谈的40户牧民中，有借贷行为的牧户高达90%，其中有借高利贷行为的牧户占到了牧户总数的一半以上，高利贷年利率基本为20%～30%。能够像案例中的甲那样巧妙化解债务危机的牧民毕竟是极少数，大多数牧民只能陷入"拆东墙补西墙"的窘境。访谈中有牧民提及"一想到背负的债务，半夜醒来都睡不着"。2016年，牧民在嘎查内部甚至连高利贷都贷不到了，因为高利贷收不回来了，放贷者也陷入“破产”的境地。为了应对当地农村信用社提出的新规“该嘎查有一户还不上贷款的，其他都不能贷款”，哈日根图嘎查出现了牧民集资还贷的情况。面对如此巨大的债务危机，牧民对“三权分置”改革最大的关注点就是“什么时候能够用经营权证贷款”。

3. 基层治理弱化问题

调研中，许多牧民表示“不到万不得已，不会卖掉草场”，老牧民黄××形象地比喻说：“人有三个母亲：生母、共产党、草场。”但是，“三权分置”改革进一步激活了草场经营权，许多牧民迫于眼前的还贷压力，将会选择流转草场。虽然程序上要求草场转让方必须缴纳养老保险的规定解决了流转草场牧民基本的生存保障问题，但是当草场流转收益用于还贷或消费殆尽时，缺乏谋生技能又失去了生计来源的牧民将难以面对自身日益增长的物质文化生活需求以及未来可能发生的疾病、灾害、事故等风险。同时，这些牧民也将成为影响社会和谐稳定的潜在压力源。

以往，哈日根图嘎查还有 500 亩的集体草场和一些扶贫畜，可以对出现经营困难的牧民进行帮扶。例如，78 岁的斯××在 2010 年为了替儿子还债，卖掉了所有的牲畜，后来靠着嘎查集体资助的 5 000 元和 20 只羔羊以及邻居、朋友资助的 20 只母羊和 2 头奶牛，迅速恢复了生产。但是 2014—2015 年，哈日根图嘎查主要靠财政拨款运行，基本没有集体收入（表 2），难以及时发挥应有的社会治理作用。

表 2　哈日根图嘎查收支统计（2014 年 3 月 27 日—2015 年 8 月 13 日）

单位：元

收入		支出	
项目	金额	项目	金额
旗审计局赞助款	40 000.0	劳务费	49 130.0
休牧款	18 084.0	交通费	10 500.0
财政拨款	30 000.0	会务费	37 433.0
协调款	21 435.0	电费	14 050.0
昂素镇补贴收入	109 890.0	取暖费	19 000.0
财产收入	37 370.6	办公费、招待费	16 518.0
其他收入	5 000.0	赞助费	21 100.0
		固定资产支出	49 740.0
		其他支出	10 500.0
合计	261 779.6	合计	227 971.0

某位嘎查干部说："什么叫管理？管得住，他才理你；管不住，他不会理你。"目前的基层牧区并没有建立起行之有效的草场承包经营权流转管理制度，嘎查委员会等基层组织的社会控制力明显弱化，对群众的号召力、影响力、说服力大大下降，并没有发挥好管理的职能。截至 2016 年，草场经营权流转处于一种无序的状态，一些矛盾纠纷在基层得不到有效化解。

4. 民族团结稳定问题

习近平总书记到内蒙古考察时强调，内蒙古各族群众要守望相助，共同打造祖国北疆亮丽风景线。笔者在调研中听到一些蒙古族群众反映："汉族作为当初的外来人口，虽然草场面积小，但相对而言吃苦耐劳、勤俭节约，会算账、善经营，所以，在嘎查内部放高利贷的基本上是汉族。"这种情况应该引起有关方面的重视。深陷债务危机的蒙古族群众有可能被诱发对放贷者的抵触情绪，特别是"三权分置"改革后，牧民用草场经营权抵押贷款而失去生计来源时，这种"相对剥夺感"有可能会增强，不利于民族团结稳定。因此，要审慎稳妥地推进草场"三权分置"改革，特别是要高度重视化解基层债务危机。

四、推进草场"三权分置"改革的政策建议

综上所述，草场"三权分置"改革的实施受到了政治、经济、文化和社会等诸多因素的影响，要有效推进改革，必须强化系统思维，协同推进，做到产业发展先行、政策优化完善、社会治理跟进和全程监管到位。

（一）推进牛羊肉目标价格保险制度试点工作

《草原法》规定，流转后的草场不得改变用途。但是，市场行情不景气导致承包草场经营畜牧业难以盈利，这直接打击了广大农牧民流转草场的积极性。对此，可试点推广牛羊肉目标价格保险制度，通过对畜产品市场风险的分散和转移来减弱市场价格波动对农牧民生产、生活的影响。

（二）促进草场流转市场与产业发展和资本市场的联结

（1）发展地方特色农畜产品深加工等第二、第三产业，先将产业做强做大，然后再适时地推动草场流转，而不是本末倒置。

（2）积极推进畜牧业标准化试点，积极打造草原牛羊肉绿色品牌，实现真正的优质优价。

（3）现行牧区信贷"一年期限""还旧借新"的规定导致很多牧民借助高利贷解决燃眉之急，进而陷入债务缠身、无力自拔的窘境。针对这个问题，应

该改革牧区金融信贷制度，增加牧民自主选择的弹性空间。

（三）推进草场“三权分置”政策的法律化

（1）草场确权和“三权分置”政策使农牧民的草场权利得到进一步清晰的界定，但是还应进一步在法律法规层面对此予以保障，使得上述关于草场的政策为社会所普遍认同，由此形成确定性、排他性与合法性并存的产权预期。

（2）现有草场承包期限截止到2028年，由于后续政策不明朗，草场流转转入方有顾虑，即使流转也大多选择短期租赁的方式。为此应尽早出台延长草场流转期限的相关政策，解除牧民的后顾之忧。

（3）对草场流转的对象应该做出明确的范围界定，避免在执行过程中发生矛盾纠纷。

（四）加快培育草原新型经营主体

按照国家要求，加快放活经营权，赋予新的经营主体在流转土地上享有占有权、收益权等权利，稳定经营预期。具体来说有以下几项措施：

（1）积极培养高素质牧民，提升集约化养殖、经营管理等方面的能力。

（2）大力扶持牧业合作社，通过贷款支持等措施，引导牧民草场入股，开展合作经营。

（3）发挥产业化龙头企业示范带动作用，促进一二三产业融合发展。

（五）健全与“三权分置”相适应的社会治理体制

（1）切实加强嘎查委员会等基层组织对草场流转等问题的监管，夯实现代畜牧业发展的组织基础。

（2）健全草场纠纷相关法律法规，完善草场纠纷处理机制，赋予牧民知情权，让牧民知道草场纠纷调处标准，保障其申诉权和申辩权。同时，加强对基层干部、草场纠纷调处机构人员的业务培训，培养具有独立性的非官方的草场纠纷调处中介组织，鼓励开展法律援助，提高各方应对和处理草场纠纷的能力。

（3）建立健全社会保障体系和社会救助机制，以避免牧民在遭遇疾病等重大生活变故时，因仓促流转草场而失去生活来源等。

（六）构建有效的草场流转租金生成机制

草场确权会促使诱导草场流转行为从关系情感转向理性算计、从非市场化转向市场化。遵循“价高者得之”的原则，牧民渴望“提高流转租金”，表现出合约短期化、对象选择非身份化的趋势。草场租金的上涨虽然有利于牧民财产性收入的增加，但过高的租金诉求将进一步推高畜产品成本，进而抑制草场流转市场的发育，最终可能导致牧民财产性增收目标的落空。因此，从长期看，需要因地制宜配套建立区域性的可自由进出的规范的草场经营权产权流转交易市场，构建起有效的流转租金价格生成机制。

由于草场确权会带来产权稳定性所诱发的溢价效应与租金看涨预期，牧户为防止因长期合约而失去租金调整的灵活性，往往倾向于选择短期化合约。因此，除建立与流转面积相关联的补贴办法外，还可以出台激励长期流转的政策扶持措施。

民族区域自治地方政府绩效评估体系的构建趋势

张建新

我国是一个统一的多民族国家，民族区域自治制度是我国的基本政治制度之一。民族区域自治地方政府不仅在国家的统一领导下承担着发展本地区经济、文化和各项社会事务的职责，还担负着依法推行民族区域自治制度、加强民族团结、维护国家安全与稳定的重要责任。民族区域自治地方政府既有一般地方政府的共性，又有其自身独具的特点，其法律地位、职责权限、行政环境等与一般地方政府相比有很大的差异。目前关于民族区域自治地方政府绩效评估的理论研究成果尚不多见，体现民族特点和地方特色的绩效评估的实践也基本上没有展开。本文试从民族区域自治地方政府绩效评估的特殊性入手，对民族区域自治地方政府绩效评估体系的构建趋势作一些初步的探索。

一、民族区域自治地方政府绩效评估的特殊因素

我国民族区域自治地区具有与中东部地区不同的特点，因此在政府绩效评估过程中必须格外重视一些特殊因素，在绩效评估体系中还需要增加一些特殊的评估指标，这样才能客观、准确、科学地对民族区域自治地方政府绩效进行评估。其特殊因素主要体现在以下几个方面：

（一）民族关系因素

民族关系作为与民族存在同始终的一种社会关系和社会现象，既是历史条件的产物和积淀，又是现实环境和条件的反映和折射，具有长期性、复杂性和敏感性。民族关系对本地区乃至全国的安全与稳定都具有重大的影响，因而民族区域自治地方政府的一项重要职责就是通过有效的行政管理和服务维护各民族之间的团结与和谐。在民族区域自治地方政府的绩效评估中，民族关系是一个重要的因素。评估一个地区民族关系的好坏，主要是对涉及民族问题的各种矛盾和纠纷的数量、规模和影响进行评估。同时，公民对本地区民族关系的满意程度也是衡量该地区民族关系的重要内容。

随着社会主义市场经济体制的建立和发展，我们的民族关系也出现了新的变化和新的问题。平等、团结、互助、和谐的社会主义民族关系不断向广度和深度拓展。但民族地区地域辽阔、区域发展不平衡，不同民族的文化与风俗习惯各具特色，使得民族关系面临复杂的情况，难免产生一些矛盾和问题。维护各民族的平等、团结、互助、和谐应该成为民族区域自治地方政府的重要职责，因而，正确合理地处理影响民族关系的纠纷和事件，防范这些影响民族关系的纠纷和事件的发生，创造有利于民族团结的环境和条件，是评估民族区域自治地方政府绩效的重要因素，也是一个区别于一般地方政府的特殊因素。

（二）民族区域自治因素

我国为了保证少数民族在国家政治体系中享有平等的权利，构建了民族区域自治制度，由少数民族在聚居区内实行区域自治，通过这种方式来保障少数民族的政治权利、满足少数民族的政治要求。民族区域自治是民族自治与区域自治的有机结合。

随着西部大开发的进行，落实民族区域自治地方政府的自治权问题进一步凸显出来。民族区域自治地方政府不仅要求国家在政策、财政、技术等方面给予更多的支持和帮助，同时也会要求获得更多的自主管理少数民族内部事务的权力，并通过这种自主权来增强民族区域自治地方政府的动员、组织和协调能力，有效地推进当地经济、社会和文化的发展。从某种意义上说，民族区域自治地方政府充分获得和享有《宪法》和《中华人民共和国民族区域自治法》所赋予的自治权力，能够充分行使现行制度框架内的公权力，不仅是完善我国民族区域自治制度的需要，更是推动民族区域自治地方的开发、全面发展并取得成效的重要条件。因此，作为自治机关的民族区域自治地方政府如何采取有效措施确保民族区域自治权的全面落实，也成为对其绩效评估的主要尺度。

（三）生态环境因素

我国民族地区的生态基础相对脆弱，这是由其特殊的自然地理条件决定的。民族聚居区的自然环境多数具有高寒、干旱、阴湿、沙化、多风、多雪的地理特征，成灾率高，成灾面积大，长期过度利用的情况比较突出，导致水土流失严重，当地的农耕、畜牧经济超越了当地生态的承载力，使得民族地区的草场纠纷、水源纠纷、土地纠纷增多。同时民族地区有较多矿产资源，但开矿往往对脆弱的生态造成破坏，对政府组织的开发形成制约。民族地区普遍存在生态环境建设与资源开发利用的冲突。

民族地区恶劣的自然环境使得其生态环境的保护比中东部地区具有更强的紧迫性。对于民族地区来说，脆弱的生态环境破坏后的恢复和治理成本远远高于中东部地区，甚至有些地方是永远不可能通过治理来恢复的。因此，民族区域自治地方政府绩效评估中应该强化生态环境保护的意识，增加生态环境指标权重，使各级政府在生态环境保护方面投入更多的人力、物力、财力和精力。

（四）政治稳定因素

民族地区的政治是我国整体政治格局中的一种区域形态，是一种区域政治体系。如果民族地区内部的政治关系协调，整个体系运行有序，这种区域政治就处于稳定状态；反之，就是政治不稳定。就目前的状况而言，尽管也存在着某些影响政治稳定的因素，在某些极个别的时空条件下，这些因素的作用结合在一起可能会超过一定限度而酿成现实的政治不稳定，但就总体面貌而言，民族地区的政治是稳定的。

但是，随着民族地区的经济、社会的发展，原有的经济结构、社会结构和文化形态都将发生重大的改变，一些新的结构及其运行机制将逐步取代旧的东西。政治生活中旧有的平衡受到冲击甚至被打破，出现不稳定的因素就在所难免。

在民族地区可能影响政治稳定的因素是多方面的，一旦形成较大规模的冲突，就会危及社会和政治的稳定。这对民族区域自治地方的各级政府来说将是一个严峻的问题。受到冲击最大的将是这里的地方政府，如果民族区域自治地方政府不能迅速提高自己的适应能力，就可能会出现社会控制的危机，直接危及政治稳定。

二、构建民族区域自治地方政府绩效评估体系应把握的趋势

民族区域自治地方存在的特殊因素要求我们在构建民族区域自治地方政府绩效评估体系时，既要借鉴一般地方政府绩效评估的普遍做法，又要考虑民族地方的特殊性，形成具有民族特色、地方特点的绩效评估体系。对此，在实践中应重点把握如下构建趋势：

（一）贯彻科学发展观，树立正确的政绩观

从政府的角度看，政府绩效评估就是政府的政绩评估，不同的政绩观影响并决定政府的绩效评估。民族地区的经济发展水平较低，“赶超”或者“跨越”的冲动更强，当地政府在发展过程中对经济的重视程度更高，具体表现在对中央有硬性要求的发展指标完成得较好，但是往往对涉及公民权利的许多领域重视不够。这体现出政府政绩观的偏差，而且这种偏差导致民族地区社会发展不全面的现象更为明显。

随着科学发展观的深入贯彻和落实，地方政府绩效评估也正在发生重大变化，其基本方向就是：从单纯注重经济增长转向经济社会全面、协调和可持续发展，从政府本位转向民众本位，从无限政府转向有限政府，从效率标准转向效益标准，从要素评估转向系统评估等。这五个方向是我国社会转型时期地方政府绩效评估价值取向系统的核心部分、特征所在和变化方向。2006 年，中共中央组织部印发实施《体现科学发展观要求的地方党政领导班子和领导干部综合考核评价试行办法》，要求对地方党政领导班子及其成员的实绩分析主要参考有关方面提供的经济社会发展的整体情况和群众的评价意见，重点分析任期内的工作思路、工作投入和工作成效，以充分体现从实绩看德才、凭德才用干部。随着科学发展观的深入落实和政府政绩观的转变，如同全国其他地区一样，民族区域自治地方政府的绩效评估将会更加以人为本，关心人民群众的利益，维护公民的权利，从而不断提高公民权保障的水平，使民族地区各族人民生活更加幸福、社会更加和谐。

（二）以最小痛苦原则为价值取向进行政府绩效评估

价值取向是理性层面的行为取向。政府绩效评估中的价值取向对绩效评估活动的开展具有重要的意义和作用。政府绩效评估的一般价值取向包括经济增长、收入分配公平等经济价值取向，以及民主、和谐、自由、进步等社会价值取向，政府绩效评估应该在这些价值取向下进行。那些不重视绩效评估活动或者利用绩效评估活动进行夸大宣传的行为，实质上就是歪曲了对地方政府绩效评估活动的价值取向。因此，在民族区域自治地方政府绩效评估中，树立正确的价值取向就显得十分必要。

关于政府绩效的价值取向问题，研究者的观点可分为两大派别。一派坚持最大幸福原则，以让大多数人的幸福最大化作为政府行为的根本原则；另一派则坚持最小痛苦原则，以让尽可能多的人从现实的、具体的困境中解脱出来作为政府行为的根本原则。以最大幸福原则为取向的政绩考核，经济内容必然占据主导地位，同时由于最大幸福原则追求的是整体幸福而非个体幸福，它更关注总体的财富增长。目前，我国民族地区的困难群体人数仍然很多，基础设施落后，群众文化水平不高，因此，绩效评估价值取向应以坚持最小痛苦原则为宜。

（三）正确处理发展与稳定的关系

随着我国改革开放的深入进行，民族地区的现代化进程也迅速推进，经济社会的发展取得了前所未有的成就，但在此过程中也出现了一些影响政治稳定的因素。当前，影响政治稳定的因素主要体现在两个方面：①政治参与的膨胀。人们为了争取、实现和维护自己的利益，总是会将注意力集中到作为社会资源分配枢纽的政府和相应的分配过程上，以不同的方式介入政治过程，从而使政治参与迅速膨胀。而民族地区现行的制度化参与渠道以及现行政治体系吸纳政治参与能量的能力十分有限，难免会形成制度外的无序的政治参与，从而对政治稳定形成冲击。②民族矛盾增多。由于各民族的利益意识增强，更加关注民族利益，在这样的情况下，各个民族间产生矛盾和冲突的可能性增大了。民族矛盾和冲突一旦形成较大规模，就会危及现有的政治行为，酿成政治不稳定。面对这样的形势，民族区域自治地方政府必须认真地对待政治稳定问题，把保持政治稳定作为一项重要任务。要完全根除政治不稳定的因素是不可能的，在实际工作中必须处理好发展与稳定的关系，在促进民族地方经济社会又好又快发展的同时，要疏导政治不稳定因素，把这些因素纳入制度的轨道，并将其控制在一定的限度内。一方面，要扩大政治参与的制度化渠道，增强政治体系对公民政治参与的吸纳能力，保障公民有序的政治参与；另一方面，要建立适应形势需要的新机制，增强政治协调能力，对民族矛盾进行有效的协调。在对民族区域自治地方政府绩效评估时，必须重点考察其维护政治稳定的能力和做法。

（四）评估主体的多元化

政府绩效的根本导向在于促进公共利益，政府绩效的根本衡量标准应该是政府及公务员的行为是否以及在多大程度上促进了公共利益。既然由政府提供公共服务的消费对象是社会公众，政府绩效的评估也应吸收各社会群体代表参与。从民族区域自治地方政府绩效评估的运行情况看，一般采用内部评估与外部评估相结合的考核评估机制。这种评估机制有待进一步完善，例如在评估时，往往内部评估重于外部评估，而在外部评估中，公民评议所占的权重仍然较轻，容易导致一些地方政府工作绩效的自我评估、上级评估与群众的实际感受之间存在较大距离。吸纳广大群众参与政府绩效评估，既能够体现民族区域自治主体民族成员管理本民族内部事务和地方事务的权利，又能够保障错居杂处的其他民族成员的利益；既能够改善民族关系，促进地方和谐，又能够促使政府注重民生感受，深入实际，深入群众，了解社情民意，实施以人为本的科学决策。因此，建立一种吸纳公民代表参与政府绩效评估的长效机制，应成为民族区域自治地方政府绩效评价制度改革的努力方向。

建立和完善政府绩效评估体系是地方政府建设的一项重要内容。民族区域自治地方政府的绩效管理必须以科学发展观为指导，建立符合民族和地方特点的政府绩效评估体系，这对增强民族区域自治地方政府的公共责任感、改善行政效率与效益、克服短期化行为、提高各族群众的施政满意度、实现地方政府向服务型政府的转变具有重要意义。

民族地区公共危机管理体系建设研究

房文双

近年来，民族地区公共危机事件频发，突发事件的频率及危害性也呈上升趋势。突发事件的类型各异，有自然灾害方面的，如大地震、暴风雪、泥石流等；有社会方面的，如群体事件、恐怖活动、社会动乱等。这些突发的危机事件时刻考验着民族地区各级政府的危机管理能力。民族地区发生的各类危机事件已经阻碍了民族地区的经济发展与社会稳定。因此，加强民族地区公共危机管理体系的建设已迫在眉睫。

一、民族地区公共危机形态特点

（一）民族特性

我国是一个多民族的国家，各个民族有自己的民族传统与民族文化。有些地方政府对民族地区的语言和文化不十分了解，因此对有些事件的性质难以准确识别和判断，有的甚至对突发事件做出错误的判断，导致本应该引起高度重视的事件未能得到及时处理，或者本来不是危机的事情因处理不当而引发危机。例如，有些少数民族有举办集体祭祖活动的传统，有个别地方政府误以为发生群体事件而加以强制取缔，这样很可能酿成重大危机事件。

（二）环境特性

我国民族地区的自然环境比较复杂，有些地区容易发生大的自然灾害，如泥石流、地震以及洪水等。由于交通不便，地形复杂，一旦发生自然灾害，抢救伤员、救灾等事项都面临巨大的挑战。民族地区整体经济欠发达，大灾之后的重建、自救工作等很难顺利进行。

（三）信息特性

由于民族地区交通、信息传递普遍滞后于东南部发达地区，中央政府的好多政策没有及时贯彻执行下去，导致有些政策没有得到当地各族人民的普遍接受。再加上有些地方政府的工作方式、工作态度存在问题，就容易出现群体对抗事件。一旦发生大规模的群体事件，就会影响民族地区的经济发展和社会稳定。

（四）突发特性

民族地区危机事件具有突发的特性。这里所说的突发，既指事件的发生不可预测，也指事件的起因往往是由不同民族文化的隔阂而产生的误会与冲突。例如，有些带有宗教色彩的危机事件在平时难以发现也难以掌握，可一旦爆发就极具破坏力和杀伤力，传播也极其迅速，往往会被有些人利用，从而造成大的危机事件。

（五）国际特性

我国民族地区大多地处边疆，由于地缘政治格局的存在，民族地区爆发的危机事件往往不仅仅局限于民族地区一隅，还会受到周边国家事态和国际形势的影响。与我国其他地区相比，民族地区的突发事件背景更复杂、更难妥善处理。如果处理不当，就容易被境外的敌对势力利用，酿成更大的冲突事件。

二、民族地区公共危机管理体系构建的意义

（一）能有效预防民族地区公共危机的爆发

公共危机具有一定的隐蔽性和突发性，但公共危机可以预防。绝大多数的公共危机在爆发之前并不是毫无征兆的，如果民族地方政府能及时监控和准确评估，就能捕捉到危机征兆，做出准确的判断，及时采取有力措施，启动公共危机预警机制，将其消灭在萌芽状态。好的公共危机管理体系能起到未雨绸缪的作用，为政府应对公共危机提供了重要保障，使政府尽可能做到早了解、早处理，从而有效地遏制公共危机事件的发生，保障民族地区经济发展和人民生活改善的良性循环，从而实现民族地区的稳定发展。

（二）能有效应对民族地区公共危机的爆发

健全的公共危机管理体系具有前瞻性。当危机未发生时，能有效预防；当危机发生时，有关部门能快速、有序地根据事前的制度和体系安排应对措施，从而做到组织有效、反应及时、运转高效、应对从容，牢牢掌握主动权，把危机化为转机，尽快消除公众的恐慌感和危机感，保证国家稳定和社会安定，保证各民族群众生命财产的安全。最大限度地减少公共危机给民族地区造成的损失。

（三）能提高民族地方政府的公信力

民族地方政府的公信力体现着民族地方政府的信用能力，它是民族地区社

会组织、公众对地方政府信誉程度的主观评价。民族地方政府能防患于未然，能做好充分的准备应对公共危机事件、化解危机事件，这些都有助于树立民族地方政府的良好形象和公信力。民族地方政府公信力的最终判断权掌握在当地人民手中。构建民族地区公共危机体系，能有效减少当地人民的损失和痛苦，增加民族地区人民的安全感。同时，民族地方政府的公信力必然会因此而提高，民族地方政府必然会受到当地各族人民的爱戴。

（四）能促进民族地区和谐社会的发展

我国是一个统一的多民族国家，民族地区安定有序是整个国家稳定发展的重要保障。随着我国经济的发展、社会的进步，民族问题在整个社会发展中所产生的影响也日益显著。针对民族地区的各类问题，如果能及时预防、处理得当，将有助于民族地区的和平与发展。因此，加强对民族地区公共危机的管理也就成为当地政府的一项重要的工作内容，成为政府的一项重要职能，这是由民族地方政府的性质和目的决定的，也是构建民族地区和谐社会的必然要求。

三、民族地区构建公共危机管理体系的路径选择

公共危机管理体系是一项系统工程，由多个环节组成。民族地区的公共危机管理体系具有一定的特殊性。民族地区公共危机管理体系的构建应该以民族地区各级政府为主导，由各族人民共同参与，充分尊重各民族的生活习惯以及传统文化，并发掘和利用各民族的智慧来建设现代化的公共危机管理体系。

（一）建立适合民族地区的公共危机管理体系

复杂的自然环境及各民族不同的文化、生活习惯等因素使得民族地区危机管理的难度比其他地区更大、更复杂。我国地域辽阔、民族众多，各地自然环境、产业结构、宗教信仰各不相同，从而形成了多元的民族文化和地域文化。以上各种原因客观上决定了各民族地区的危机意识和应对危机的方法都会有较大差异，因此在构建民族地区公共危机管理体系时，除了考虑与国家体系的衔接，还必须考虑民族地区的具体情况和各民族的生活习惯与文化特点，建立和完善适合于民族地区的公共危机管理体系。只有因地制宜，才能有效预防和控制民族地区危机的产生，建立和谐的社会。

（二）加强民族地方政府应急管理法治建设

完善的危机管理法律制度是民族地方政府建设公共危机管理体系的重要支撑。经过多年的法治建设，我国民族地区已经制定和颁布了一些应对危机的法

律和法规，民族地区危机管理的法律制度已经有了一定的基础。但是，从整体上看，民族地区危机管理的法律体系尚不完备，无法适应危机管理法治化、规范化、制度化的要求。此外，我国《宪法》中没有关于危机状态的规定，地方政府紧急管理权对此也没有明确的规定。因此，为了加强民族地方政府危机管理法治化，必须加紧危机管理的立法，尽快完善民族地区突发事件应急处理的法律体系，加大立法宣传力度，使政府官员和各族人民了解危机管理的相关法律制度。

（三）加强民族地方公共事务宣传机构的建设

对我国民族地区政治及公共事务的宣传报道要体现党和国家对民族地区各项工作的客观评价。由于我国民族地区经济发展相对落后，文化和教育水平有待提高，政府管理还存在某些薄弱环节，公共事务传播的整体水平并不乐观。我国正在进入公共危机频发的社会转型时期，民族地方政府掌握公共事务传播的重要性日益凸显出来。在民族地区发生群体事件和其他的突发事件的时候，政府是法律授权的唯一的信息发布者，其地位是其他任何组织都无法取代的。所以，民族地方政府应本着对传播客体高度负责的态度，及时、准确地传递信息，在各民族群众中树立起公信力，让世界各国和人民了解事情的真相，防止各种谣言和小道消息的流行，塑造良好的国际形象，接受各方面的援助和舆论支持，这些对有效处理民族地区的危机会起到事半功倍的作用。

（四）加强民族地区突发事件社会机制建设

民族地方政府是参与民族地区突发公共事件应急处置的主力军，无论是在资金以及人员的投入上，还是在突发事件的指挥、协调、组织、管理等方面都处于主导地位。但是仅靠民族地方政府的力量还远远不够。考虑到各种现实情况以及突发事件的性质，应大胆拓宽思路。在政府主导的基础上，调动和整合全社会的资源和力量，共同应对危机。在我国民族地区，由于交通不便、经济技术落后、物质资源匮乏、环境恶劣，当发生重大突发公共危机事件时，加强与国际社会的联系，借助国际、国内各方资源力量就显得尤为重要。因此，民族地方各级政府应尽可能地在社会机制建设方面加大力度，建立全社会参与的公共危机管理体系。这样就能调动各方力量，做到资源共享、合作互助，从源头上消除、遏制危机。

（五）充分发掘、利用各民族传统和智慧

澳大利亚的罗伯特·希斯（Kobert Heath）和我国的张成福等学者都意识到了文化在危机管理中的作用。希斯认为，民族文化因素会加大危机管理的难

度；张成福主张把危机管理同民族文化建设结合起来。但是，我国民族传统文化一直未受到公共危机管理学者们的足够重视。纵观我国历史上发生的民族地区危机案例，能看到各民族传统文化与民间智慧在危机管理中具有不可替代的作用。我国各少数民族在与大自然的长期斗争中积累了一定的应对危机的经验与方法，这些经验与方法是其传统文化的一部分。在构建民族地区公共危机管理体系的过程中，需要借鉴各民族文化的优势，不能简单、机械地抛弃或否定传统文化。充分发挥民族文化多样性优势，充分调动民族内在的积极性，发扬和借鉴各民族传统文化，使民族地区公共危机管理体系形成一种内源式的管理模式，从而大大减轻民族地方政府公共危机管理的成本，提高管理效率。

（六）加强危机管理意识及应对危机的教育

危机意识是对危机事件的感知及应变能力。对于我国民族地区的政府及民众而言，应该从长远的、战略的角度出发，时刻在心理上、物质上和政府管理上做好对抗困难境地的准备。民族地方政府在任何时候都必须要有强烈的忧患意识与危机感，并应采取相应的措施培养和增强各族人民的危机意识。同时，借鉴国际上的成功经验，在日常工作中就把如何应对危机纳入政府和民众的思想教育中，加强社会各界的危机管理意识。

（七）加强自然生态环境的保护与管理

保护自然生态环境是公共事务中最重要的事务之一，也是公共管理中一项最基本的职能。加强自然生态环境的保护与管理是民族地区政府的重要职责之一。相较于我国其他地区而言，民族地区的生态更加脆弱。近些年来的经济赶超战略都是以过度开发自然资源和严重破坏生态环境为代价，使环境受到污染、自然生态遭到破坏，已经严重威胁到民族地区的经济可持续发展和各族人民的生存。近年来，有些地区过度开采地下资源，引起当地的农牧民不满，甚至出现群体事件。因此，民族地方政府要加强对自然生态环境的保护与管理。

总之，科学的民族地区公共危机管理体系应该是全社会积极参与，同时立足于民族地区的实际情况，借鉴各种先进的经验，发挥各民族的智慧，调动人民群众积极参与的一个社会的综合体系。建立健全民族地区公共危机管理体系是民族地区发展繁荣的一项根本性的制度保障。

行政管理视角下的农村环境污染治理困境与突破

王　瑜

2018年11月，生态环境部与农业农村部联合发布《农业农村污染治理攻坚战行动计划》，其中提出，到2020年，要实现农村饮水安全有保障，农村生活垃圾和污水得到治理，实现村庄环境干净整洁有序，减少化肥、农药使用量和农业用水总量等一系列目标。由于缺乏行政管理力量的介入，部分农村地区的污染治理行动计划完成情况不容乐观。在此背景下，研究行政管理视角下的农村环境污染治理困境与突破路径具有重要的现实意义。

一、农村环境污染行政管理的必要性

（1）随着人类向工业文明时代的大步迈进，人类对生态环境的污染和破坏程度已经远超出环境自身的调节能力，这也对人类的生存造成了极大的威胁。从经济学角度来看，市场价值规律能够支配人们的行为，企业在追求利益最大化的同时会忽略对外部环境的污染和影响。基于这样的现实情况，政府如果不采取必要的强制措施，就会使企业认为肆意排放污染物是理所当然之事，进而企业不愿意将资金投入环保工作中。由此可见，政府强制介入污染治理和环境保护工作是十分必要的。

（2）政府通过立法等强制手段不仅能够有效强化企业及个人的责任意识，还能全面解决环保的资金来源问题。在行政、经济、法律等手段的干预下，环境治理和保护问题有望得到全面解决。同时，政府还担负着保护生态、治理污染的责任。不仅如此，与环境污染相关的民事、行政、刑事责任也离不开政府相关机构的处理。

（3）与一般商品不同，环境要素和自然资源不遵循商品流通的一般规律。例如，土地使用权转让就不能直接进行市场交易，而是要按照标准程序办理相关手续。政府必须借助强制手段对环境要素和自然资源市场进行管理和监督，这样才能有效避免市场失灵的情况出现。同时，由于经济发展过程中出现的环境危机具有一定的滞后性和不可调节性，政府必须从宏观层面对其进行调控和监管，这样更有利于经济的可持续发展。

（4）环境问题的复杂性、综合性和重要性决定了政府干预的必要性。各地方、各类别的环境治理都离不开政府的统筹规划和指导。涉及全球的生态问题同样离不开世界各国政府的共同干预。环境保护工作的政策制定、各方的执行和利益协调等也离不开政府这一中心。除此之外，兼具综合性与公法性的环境保护法规制定了多样化的管理方法，其中较为突出的当属环境行政执法，这也全面体现了政府的宏观干预作用。

综上所述，政府在环境保护工作中发挥着不可替代的作用。政府合理干预经济活动不仅能够纠正人们破坏生态环境的行为，还能引导全民树立起环境保护的意识，营造经济与环境协同发展的社会氛围，从而保障生态安全的实现。此外，政府合理的行政干预还能对生态破坏和环境污染起到预防作用，有利于从源头消灭污染，从而实现以预防为主的治理理念。

二、行政管理视角下的农村环境污染治理困境

（一）行政管理主体的法律责任不明

首先，部分地方政府没有明确各行政管理主体的责任，没有采用明确的责任分配机制。在遇到行政管理内容违法的现象时，政府仅注重追究行政管理主体和被管理者的责任，忽略了自身的责任，没有视情况给予被管理者合理的补偿，也没有明确因不可抗力导致损失的责任归属，这些因素都会直接影响政府的公信力和农村群众对政府的满意度。

其次，部分地方政府对行政管理主体的管理力度不足。行政管理主体普遍通过强制手段达到目的，致使行政管理手段与行政管理脱节，被管理者失去了选择权，这也是影响农村环境污染治理效果的重要原因。

最后，部分地方政府疏于对行政管理主体的监督。一些行政管理主体借助奖励手段达到治理目的，这使得管理主体与被管理者之间形成了利益关系，这也直接导致当地行政管理性质的改变，进而直接影响环境污染治理工作。

（二）行政管理损害救济方法单一

首先，部分地方政府没有将行政管理纳入行政复议的范畴之中，仅关注行政管理的单独作用，忽略了行政管理要与其他法律行为相结合，因而难以保证行政管理的契合性。

其次，部分地区行政诉讼的受案范围较为狭窄，没有为被管理者提供借助行政诉讼获取救济的机会，因而也无法帮助司法界端正态度。

最后，部分地方政府忽视了行政管理，未能引导行政主体寻找自身在行政

管理过程中的各类错误，也没有相关法律条例明确相关补偿细则，这些因素都会直接影响农村群众对环境污染治理的信赖程度。

（三）行政管理适用范围较小

一方面，部分地方政府没有赋予当地村民委员会（以下简称村委会）行政管理权，无法实现与农村群众的交流与沟通，无法及时、深入地了解农村群众的真实困难和需求；没有赋予村委会相应权责，导致其无法制定涉及环境污染治理的村规民约，难以调动起村民参与环境污染治理的积极性和主动性，也难以实现环境污染的持续治理。同时，农村环境污染的发生较为分散，部分地区环境保护部门人手和经费有限，这使得农村地区环境污染治理工作无法实现全覆盖。

另一方面，部分地方政府疏于行政管理案例库的编制工作，没有对行政管理案例进行明确分类，没有制定行政管理案例的实质标准，也没有出台保证案例时效性的相关举措，这些因素都会直接影响行政管理案例的参考价值。

（四）缺乏行政管理程序

首先，部分地方政府疏于对行政管理的决策程序的建立，没有明确各类行政管理的启动方式，没有始终坚持合理、合法的原则，也没有全面听取被管理者的意见。

其次，部分地方政府的行政管理实施程序不够完善，没有秉承诚实守信的原则，经常随意改动行政管理方案，这些因素也会直接影响农村群众对政府的信赖程度。

最后，部分地方政府没有做好行政指导的案例存储工作，没有根据案例的重要程度对案例进行分类储存，也没有确立向上级机关备案的相关机制。

三、行政管理视角下的农村环境污染治理困境突破路径

（一）明确行政管理主体的法律责任

从目前行政管理干预农村环境污染治理的实践来看，地方政府的行政管理不仅能够单独运用，还能与其他法律行为结合使用。在此过程中，地方政府应重视各类法律行为的相互性和交织性，不能单独考察某一法律行为，而是要将其视为一个整体，从而采取综合性的行政管理手段。在农村环境污染治理工作中，行政管理的性质会发生改变，这就需要地方政府根据行政管理的不同形态分别进行考察。

首先，地方政府应明确各行政管理主体的责任，积极采用明确的责任分配机制。地方政府应始终秉承合理、合法的原则，明确划分各主体的行政管理责任，具体举措可分为以下几个方面：①对于内容违法的行政管理责任，政府不能全部归咎于行政管理主体。同时，由于被管理者坚信政府的权威性，因此他们有理由相信行政管理的合理性与合法性，虽然存在一定程度的判断过失，但并不应该承担全部责任，政府也应该根据实际情况为他们提供一定程度的补偿。②对于内容不合理的行政管理责任，考虑到农村群众对政府的信赖，应合理追究行政管理主体的责任。而被管理者由于拥有选择的权利，没有对管理内容进行质疑，也应承担相应的责任，对此，行政管理主体应视情况给予被管理者合理的补偿。③对于合理、合法的行政管理责任，在行政管理不存在任何问题的前提下，如果被管理者的利益是因不可抗力因素而受到损害的，政府将不会承担相关责任。在这种情况下，由于被管理者自愿选择被管理，因此理应承担相应的风险和责任。

其次，地方政府应对行政管理主体加强管理。在乡村环境污染治理工作中，许多行政管理主体会借助行政管理的名义实施行政命令。对于没有按时、按规定完成任务的被管理者，行政管理主体会直接采取停业整顿、剥夺营业资格等强制手段。在这样的行政管理模式下，行政管理手段将会与行政管理脱节，从而异化成强制命令模式，这不仅违背了行政管理的本质，损害了被管理者的选择权，还会对环境保护工作产生负面影响。基于这样的后果，行政管理主体理应承担相应的责任。

最后，地方政府应对行政管理主体进行严格监督。在部分乡村地区，当地政府为了达到行政管理目的，往往会借助一些奖励手段，这也使得行政管理主体与被管理者之间形成了合同化关系。在管理过程中，行政管理主体承诺给被管理者提供合理的条件，使被管理者愿意接受管理。然而，一旦行政管理主体在兑现承诺方面存在问题，双方的合同关系就会被打破，行政管理主体也必将承担管理内容不合法的法律责任。

（二）拓展行政管理损害救济方法

首先，地方政府应将行政管理纳入行政复议的范畴之中。在农村地区环境治理工作中，行政管理并不是独立存在的，而是需要与其他法律行为相结合，这使其性质发生了改变，管理内容违法、强制管理等问题也随之而来。对此，地方政府可通过将行政管理纳入行政复议范畴的方式监督和管理不合理、不合法的行政行为。一方面，从目的层面看，行政管理的相关规定与现有的行政复议相关法律具有一定的契合性，二者都能够保障大众的正当权益，同时强调了对行政管理主体的监督作用；另一方面，从《中华人民共和国行政复议法》的相关规定来看，虽然行政管理没有被纳入《中华人民共和国行政复议法》的范围，但也没有被明确排除在外，这就说明二者存在一定程度的适用空间。

其次，政府应努力拓宽行政诉讼的受案范围，全面制止和杜绝各类具有强制力的行政管理行为，从而为行政管理主体提供借助行政诉讼获取救济的机会。由于行政诉讼通常会采用概括、列举和排除等方法，许多专家和学者对其持质疑或排斥态度。基于这样的现实情况，为了更好地保障被管理者的权益，政府应逐步扩大行政诉讼的受案范围，真正将行政管理纳入其中，这样才能帮助司法界端正态度。

最后，政府应为行政管理造成的损失提供赔偿。在行政管理过程中，行政管理主体应履行自身相关业务，不仅要保证指导内容的合理、合法性，还要坚决杜绝强迫指导的情况出现，同时还要努力寻找自身在行政管理过程中的各类错误，深入剖析错误成因并及时加以改正。基于农村群众对政府以及行政管理主体的信任，当出现行政管理主体由于没有按政府要求履行自身义务或因行政管理发生偏差而造成被管理者的损失等情况时，行政管理主体理应承担相关责任，而被管理者的损失也应该由国家承担。因此，基于被管理者在环境污染治理方面对地方政府的信赖，地方政府理应承担各类不合理、不合法行政管理的责任，同时结合相关规定给予被管理者适当的经济补偿。

（三）扩大行政管理的适用范围

一方面，对于各乡村的污染治理工作，地方政府应赋予当地村委会行政管理权，具体原因如下：①在《宪法》《村民委员会组织法》以及《中华人民共和国物权法》（以下简称《物权法》）中都提到了村委会对于当地污染治理的职责和权利，而且从农村群众的环境权利角度来看，村委会也理应享有治理乡村污染的权利；②作为地方政府与村民之间的桥梁和纽带，村委会比较了解当地的情况，还能结合相关法规直接向地方政府表达村民的意见，因此，村委会是农村群众环境权益的最合适代表；③村委会有权制定有利于当地环境污染治理的村规民约，使其成为当地村民共同的行为准则，并通过这种道德约束模式全面治理乡村的各类污染现象；④村委会参与行政管理能够全面调动起村民参与环境污染治理的积极性和主动性，使各类污染现象以及污染源暴露在全体村民面前，这种方式不仅能够帮助乡村节约环境污染治理工作的开支，还能有效推动污染的持续治理；⑤由于乡村环境污染存在分散性，这就给环境保护部门带来了较为繁重的工作任务，而村委会的参与恰好能够妥善解决这一问题，各类污染也能及时得到有效解决。由此可见，村委会的参与无疑是加强农村污染治理的有效方式。

另一方面，地方政府应积极为各地编制行政管理案例库。例如，2016 年，伊川县出台了《关于印发全面落实行政执法责任制工作方案的通知》，要求有关部门认真组织行政管理案例编写工作。首先，地方政府不仅要根据相关标准对行政管理案例进行明确分类，还要在案例中尽量使用精准、规范的词语，同时要为各类别制定标题，这样才能保证案例学习与研究的严谨性。其次，地方政府要积极制定行政管理案例的实质标准，具体包括：①在案例中加入相关法律观点和理论概括，丰富行政管理的内容；②保证案例内容符合相关法律精神，秉承相关法律的基本原则，不能脱离法律的本意；③保证案例的实效性，定期对案例库中的案例进行审查，及时删除和更新相关案例，从而保证案例指导的先进性。

（四）设计科学的行政管理程序

首先，地方政府应积极建立行政管理的决策程序，明确行政管理的启动方式。一方面，政府在行政管理工作中根据需要主动启动行政管理工作；另一方面，可由被管理者主动申请行政管理，并由相关部门审核通过后启动。行政管理开启后，相关行政管理主体不仅要始终秉承合理、合法的原则，还应综合考量被管理者的意见，这样才能保证行政管理方案的有效性。

其次，地方政府应尽量完善行政管理的实施程序。作为行政管理的最重要环节，其实施程序能够直接影响行政管理的成效，因此，各地应着重在以下几个方面加以完善：①地方政府应尽量明确行政管理的内容，这样更有利于被管理者的理解，从而使他们更好地表达自身意愿；②地方政府在实施行政管理时，要坚持诚实守信的原则，不得随意改动行政管理方案；③地方政府应加强行政管理主体和被管理者的沟通与互动，鼓励行政管理主体主动为被管理者提供各类咨询服务；④地方政府应努力保证行政管理的科学性，引导当地行政管理机关和部门采用科学的管理方法，当出现被管理者排斥行政管理的现象时，应立即停止行政管理，待双方协商好解决方案后，再继续进行行政管理。

最后，地方政府应积极建立行政管理案例存储程序。作为行政管理的后续工作，行政管理案例的分类存储能够为之后的行政管理工作提供有价值的参考依据。因此，各地应结合各类行政管理案例的重要程度对其进行分类储存，重点保存涉及范围较广、社会影响力和社会争议较大的案例，详细记录相关解决方案、措施和结果，同时还要及时向上级机关备案。

提升农村突发公共卫生事件应急管理韧性的有效进路

王利清　樊金岳

我国城乡二元结构的现状导致城市与农村的基本公共服务差距很大，农村的公共卫生服务供给不足以及组织管理不完善是农村现代化发展的一个重要瓶颈。因此，农村突发公共卫生事件应急管理系统的建立、健全是农村现代化治理体系建设的核心要义之一。目前学术界关于农村突发公共卫生事件应急管理的研究主要集中在如下几个方面：①在应急绩效评价体系层面的研究中，部分学者提出防疫效能、村民认同及参与、防疫权责、防疫可持续等评价指标，以及平衡计分卡的财务指标、客户指标、内部运营指标、学习与成长指标[1]；②在应急意识管理层面的研究中，部分学者认为应从预警机制、处理机制、价值引导、政府调控、社区管理、居民意识以及经济恢复等方面提升农村突发公共卫生事件的应急管理能力[2]；③在应急管理体系建设的研究中，多数学者认为，应形成以政府为主导力量，社会组织和群众共同参与，组织、人才、物质与意识等关键要素健全的应急管理体系[3]；④在应急空间规划层面，多数学者认为提升农村突发公共卫生事件应急管理韧性的关键是发挥区位优势，形成多级联动，构建分区、分级、分类的农村公共卫生事件共同体，营造健康的农村社会空间[4]。

虽然已有研究在提升农村突发公共卫生事件应急管理能力以及管理主体多元协调等方面提出了很多有意义的建议，但是目前针对民族地区农村突发公共卫生事件应急管理的研究较少，研究内容较为碎片化。民族地区农村经济发展水平相对落后，基础设施较薄弱，公共卫生管理的各种条件较为匮乏，应急管理亟待改进与完善。鉴于此，本研究在对呼和浩特市下辖的5个旗（县）进行调研的基础上，选取全国防返贫监测信息系统、《2020内蒙古自治区统计年鉴》以及各旗（县）、苏木（乡）、嘎查（村）的档案数据资料，一方面，全面审视呼和浩特市农村突发公共卫生事件应急管理的薄弱环节与脆弱性；另一方面，为提高应急管理韧性提出对策建议，以期为实现农村基本公共卫生服务的均等化提供一定的依据。

一、韧性的概念与内涵

“韧性”一词的英文是“resilience”，源于拉丁语“reilio”，意思是“回到原来的状态”。韧性不仅是指系统在经历外界扰动之后能够恢复到原来状态的能力，还包括系统在保留功能、结构和本质的情况下能够排除干扰和进行重组的能力。韧性概念有三个核心要素：恢复性、适应性和可转换性。这三个方面是相互关联的。突发公共卫生事件应急管理的韧性是指由信息子系统、决策子系统、权力子系统、准备子系统与保障子系统共同组成的突发公共卫生事件应急管理系统在应对突发公共危机事件时体现的有序应对风险的适应性与可转换性[5]。2020 年 5 月，习近平总书记在参加第十三届全国人民代表大会第三次会议湖北代表团审议时强调，防范化解重大疫情和突发公共卫生风险，事关国家安全和发展，事关社会政治大局稳定。要坚持整体谋划、系统重塑、全面提升，改革疾病预防控制体系，提升疫情监测预警和应急响应能力，健全重大疫情救治体系，完善公共卫生应急法律法规，深入开展爱国卫生运动，着力从体制机制层面理顺关系、强化责任。其中，“坚持整体谋划、系统重塑、全面提升”就是对突发公共卫生事件应急管理韧性内涵的凝练。

二、农村突发公共卫生事件应急管理的脆弱性

陈培彬等（2021）以全面性、科学性、系统性为原则构建了一套涵盖多主体协同合作、医疗卫生保障、社会经济平稳、基础设施建设等 4 个维度的农村突发公共卫生事件应急管理能力评价体系[6]。本研究基于以上 4 个维度考察呼和浩特市农村突发公共危机事件的应急管理现状，目前存在的农村突发公共卫生事件应急管理的脆弱性主要体现在如下几方面：

（一）基层组织领导力薄弱

1. 基层高素质人才欠缺

2020 年，呼和浩特市下辖各旗（县）选派驻村帮扶干部 1 997 人；2021 年，各旗（县）选派驻村帮扶干部 960 人，比上一年减少了 1 037 人。2021 年，呼和浩特市各旗（县）农村干部平均年龄 50 岁，农村党支部书记兼任村民委员会主任的比例为 91.52%；村干部平均受教育程度参差不齐，学历为初中及以下的有 48 人，高中及中专的有 148 人，大专的有 340 人，本科及以上的有 91 人。由此可见，当地农村基层干部队伍呈现老龄化且学历素质有待提升，这是基层组织领导力薄弱的原因之一。

2. 干部组织领导力不足

首先，农村基层组织中村两委是关键要素，但村两委处理突发公共卫生事件这种非常规性的工作时面临很大压力与挑战，容易将压力传导给普通村民，具体表现为在号召、动员群众时夸大宣传违反政策的后果。其次，村两委经常将村干部与党员组织设为应急管理小组，村民很难成为应急管理小组的成员，而农村社会是血缘、地缘、亲缘相结合的熟人社会，在应对突发公共卫生事件时会出现向人情妥协的现象，甚至会出现村干部与村民之间的冲突，无形中增加了农村公共卫生事件管理的成本与公共利益的损失。最后，基层组织在应对突发公共卫生事件时对上级的政策理解不够透彻，没有真正领会上级精神，并且工作方式简单、粗暴，那种机械、重复与被动应对上级政策的方式急需解决。

（二）民众协同联动意识不足

1. 村民主动意识不够

从年龄分布区间来看，2020 年呼和浩特市下辖各旗（县）已脱贫人口为 47 979人。其中，文化程度为文盲或半文盲的有 5 733 人，占比为 11.95%；小学文化程度的有 19 009 人，占比为 39.62%；初中文化程度的有 14 064 人，占比为 29.31%。这三类人群占总人数的 80.88%。村民文化程度不高，导致村民在公共卫生事件发生时缺乏自主判断能力，只能比较被动地响应基层组织、村干部的号召。

2. 基层联动意识不足

调研中发现，村两委、基层党员、志愿者在疫情防控中的参与度较高，而村民参与度较低。由此可见，在突发公共卫生事件发生的过程中，应急主体仍然是以村两委、基层党员以及志愿者为主，其他社会组织的参与度一般，基层民众的协同力量还没有被完全激发。

（三）医疗卫生保障基础低下

目前，呼和浩特市下辖各旗（县）的医疗卫生服务水平较低。2020 年各旗（县）医疗卫生机构床位数有 2 719 个。其中，清水河县最少，仅有 386 个床位；武川县次之，有 418 个床位。2020 年各旗（县）医疗卫生机构技术人员有 3 886 人，其中土默特左旗和托克托县分别有 1 421 人和 1 006 人，清水河县仅有 241 个卫生技术员。由此可见，呼和浩特市下辖各旗（县）整体的医疗卫生服务水平还有待提升，其主要原因是：基本医疗设备配备不足，农村卫生人员比较匮乏，基础医疗卫生资源由于人口流动及区域差异性等有着不同程度的滞后。

（四）社会经济发展较落后

1. 村内集体经济薄弱

2020 年呼和浩特市下辖各旗（县）村集体经济平均收入为 7.38 万元，尤其是武川和清水河两个贫困县刚脱贫摘帽，全年村集体经济平均收入仅为 5 万元，低于各旗（县）的平均水平。目前虽然帮扶产业较多，但是对村集体经济的支持力度有限，无法为当地的公共卫生服务提供更多的内生资金动力。

2. 村民自身收入偏低

2021 年，呼和浩特市下辖 5 个旗（县）人均纯收入 1.4 万元，农村居民人均消费 1.07 万元；已脱贫家庭每户平均年收入 3.41 万元，其中家庭平均工资性收入 0.88 万元，家庭平均生产经营性收入 1.22 万元，家庭平均财产性收入 0.23 万元，家庭平均转移性收入 1.08 万元。由此可见，农民家庭平均生产经营性收入、转移性收入及其他收入构成了现阶段当地农民收入的主要来源，家庭平均工资性收入和财产性收入占比较少，加上农村居民的人均收入和支出盈余较少，收入渠道有限，限制了当地农民的经济收入水平。

（五）基础设施建设欠缺

1. 公共卫生基础设施建设欠缺

农村公共卫生基础设施的健全程度是影响突发公共卫生事件应急管理的重要因素之一。2021 年，呼和浩特市下辖 5 个旗（县）农村自来水接通率为 76.94%，其中托克托县的自来水接通率最低，为 56.5%；5 个旗（县）生活垃圾集中处理、生活污水集中处理的建制村比例分别为 17.18%和 2.28%，其中武川县和托克托县均无垃圾和污水集中处理点；各旗（县）有卫生厕所的是 17 483 户，占总户数的 75.76%。由此可见，当地的公共卫生设施非常欠缺，不能保证当地环境的干净卫生，为突发公共卫生事件埋下了隐患。

2. 公共通信基础设施建设有待进一步完善

2021 年，呼和浩特市下辖 5 个旗（县）农村中通广播电视的有 19 588 户，占总户数的 95.23%；2020 年，当地农村地区电视节目综合人口覆盖率为 98.77%，广播节目综合人口覆盖率为 98.89%。由此可见，当地的通信基础设施仍未实现全面覆盖，在一定程度上阻碍了当地村民接收信息的科学性和有效性。

三、提升农村突发公共卫生事件应急管理韧性的路径

（一）建立健全信息系统

1. 重视基础设施供给与建设

基于物联网、遥感、GIS数据挖掘、网络引擎等技术，加快建设突发公共卫生事件应急管理空间地理信息系统，为突发公共卫生事件大数据的收集、处理提供基础硬件支撑。通过对突发公共卫生事件信息进行分类、汇总、标注，形成全国或内蒙古自治区应急管理信息资源“一张图”，便于各类防控目标、应急资源、危险源的快速查询分析和直观展现，实现对突发公共事件的迅速定位、分析研判、辅助决策。

2. 完善信息技术资源的系统

利用智能信息处理等现代技术，建设可以对网络资源进行精确采集、定向汇聚、智能分析的舆情监测系统，及时掌握舆情动向，准确捕捉预警信息，对有重大影响的舆情信息做到及时发现、快速反应、积极引导、正面宣传，实现突发公共卫生事件应急管理相关舆情的有效监测处理。

（二）完善应急决策链条

1. 加强依法决策与专业决策相结合

依法决策要求应急管理程序和内容能够以法律为准绳，如《中华人民共和国传染病防治法》《中华人民共和国突发事件应对法》《突发公共卫生事件应急条例》等，以及各级政府对权责体系和责任追究机制的规定和条例；专业决策要求决策者针对专业性强、跨领域的突发公共卫生事件，因地制宜提出对策，在危机中寻找机会、解决问题。因此，两者应实现有效结合，相辅相成。

2. 提升方案抉择与应变的能力

突发公共卫生事件作为一种非常态化事件，很多情形可能不适用常规决策。应急决策要求抓住主要矛盾、直击问题的关键，在短时间内拿出应急预案。因此，面对不确定的突发公共卫生事件，要求决策者充分调动各方面的力量如专家、媒体、公众等，集思广益，从大局出发，根据事态环境的变化灵活地制定现行决策并加以调整优化，减少突发公共卫生事件所带来的负面影响。

（三）夯实基础供给保障

1. 完善应急资金供给与监督

突发公共卫生事件强调资金的支持，各地区应按照本级区域财政应急拨款标准，合理使用财政资金化解风险，对被救助者给予一定的费用补助，对医疗

机构的物资采购给予经费保障，保证相关患者不会因费用问题影响就医、相关医疗机构不会因为费用问题影响救治。除此之外，监管机构和监管主体还要监督资金的合理流向，确保资金的正当使用。

2. 确保应急物资用到位

突发公共卫生事件的预防、准备、响应和恢复强调对应急物资的整合和利用。首先，应急防控物资要进行统一管理和分配，保证资源能够合理调配应对突发公共卫生事件的情况；其次，扩建应急的储备仓库，可以适当调整应急物资的总量和类型，保证应急供给能应对物资需求，满足防控一线的需求；最后，监管部门加强监管，保证应急物资的合理配置，维护市场秩序。

（四）构建多元协调机制

1. 夯实区域联动协调机制

为了避免突发公共卫生事件影响的进一步恶化，地区之间应加强突发公共卫生事件应急管理的区域合作，及时发现危机苗头，尽可能在事件发生前或造成涟漪效应前做出科学决策、阻断源头。根据不同类型的突发公共卫生事件建立区域应急联动机制，根据不同的突发公共卫生事件状态采取不同的合作模式，共同应对突发公共卫生事件。

2. 建立社会力量的参与渠道

突发公共卫生事件的紧急性和不确定性要求政府部门做出快速的决策处理，通过调动企业组织、志愿者组织等的参与热情，形成突发公共卫生事件应急管理的多元化、立体化与网络化，有助于减轻政府部门的压力。

（五）加强全面预警监测

1. 健全应急管理预警的监测程序

首先，监测信息的收集要拓宽渠道，可兼顾官方渠道和其他途径，保证信息的时效、全面、多样性；其次，对已经收集到的信息进行整理和筛选，从而识别突发公共卫生事件的风险范畴和类型，为科学决策提供方向；最后，根据前期的评估进行事件走向预测，从而进行准确分级，发出合适的预警信息，确保受众能够接收到信息并采取相应的手段规避风险。

2. 提高应急管理预警技术方法的科学性

首先，要加强突发公共卫生事件预警平台的建设，利用网络的高效、便捷、经济实现预警信息的快速传递，从而实现和公众的良性互动；其次，完善突发公共卫生事件预警设备的技术升级，结合人工智能等技术更好地监测、分析信息，确保数据的真实性和准确性，从而更好地帮助决策者制定科学、合理、高效率的应对方案。

参 考 文 献

[1] 徐鹏凡．基于BSC的农村公共卫生治理绩效评价体系构建：以河南省S镇抗击新型冠状病毒肺炎疫情为例［J］．湖北农业科学，2020，59（19）：211-215.

[2] 李堂军，宋婷婷．基于系统动力学的农村社区突发公共卫生事件演化机理与策略研究［J］．山东科技大学学报（社会科学版），2021，23（1）：67-75.

[3] 曹舒，米乐平．农村应对突发公共卫生事件的多重困境与优化治理：基于典型案例的分析［J］．中国农村观察，2020（3）：2-15.

[4] 丁少平，陶伦．健康乡村：突发公共卫生事件背景下的乡村应对策略［J］．规划师，2020，36（6）：72-75.

[5] 林鸿潮，姜永伟．基于安全冗余的公共卫生应急体系变革［J］．公共管理与政策评论，2021，10（5）：64-78.

[6] 陈培彬，王丹凤，钟旻桦，等．农村突发公共卫生事件应急管理能力评价［J］．统计与决策，2021，37（15）：156-160.

提升民族地区基层政府社会治理水平的对策分析

薛　莉　张建新

社会治理是一项涉及社会多方面、多领域的系统性工程。随着现代社会发展速度加快，各民族文化交融共存、利益交织的程度也日益加深，这使得实现良好的社会治理难度更大、责任更重，关系区域的、国家的稳定与发展。因此，在推进国家治理体系现代化的浪潮下，立足于民族地区的现实，有必要重新审视分析民族地区当前社会治理状况，反思应当如何全面提升民族地区社会治理水平，促进民族地区社会治理的转型与重构。

一、民族地区基层政府社会治理水平现状分析

（一）社会治理情况总体良好

如表1所示，抽取2014—2018年内蒙古自治区公安机关查处的治安案件数量、自治区发生的交通事故数量、公安机关立案的刑事案件数量作为观察指标，通过分析发现，内蒙古自治区社会治理情况总体呈良性发展趋势，自治区公安机关查处的治安案件数量从2014年的317 455起降至2018年的127 932起，但值得注意的是自治区发生的交通事故数量从2014年的3 404起增加到2018年的4 230起。同时，公安机关立案的刑事案件数量虽有波动，但总体依然呈下降态势。

（二）持续有效推进平安建设工作

平安建设是新形势下推动社会治理工作开展的一项重要举措，能够有效推动科学发展、促进社会和谐。自平安建设工作启动后，内蒙古自治区党委、政府从《关于深入开展平安建设的意见》的总体要求及本自治区民族地区的实际出发，深入推进平安建设工作。

内蒙古自治区积极推进扫黑除恶行动，严厉打击违法犯罪活动。截至2019年11月10日，全区共打掉涉黑组织65个、涉恶团伙1 022个，立案查处涉黑涉恶腐败和“保护伞”案件1 271起，查封、扣押、冻结黑恶势力涉案

资产147.2亿元。此外，内蒙古自治区公安机关按照“有黑扫黑，有恶除恶，有乱治乱”的总要求，在扫黑除恶的同时深入开展打击电信诈骗、“缉枪治爆”等专项行动，全区共排查出治安乱点地区267个，已整治194个，收缴枪支、子弹、铅弹、炸药等危险用品，破获命案积案49起，有力维护了社会治安大局平稳，实现了扫黑除恶法律效应和社会效应“双提升”，持续有效推进平安建设工作。

表1　2014—2018年内蒙古自治区社会治理情况

单位：起

统计指标	2014年	2015年	2016年	2017年	2018年
自治区公安机关查处的治安案件数量	317 455	305 927	295 788	263 852	127 932
自治区发生的交通事故数量	3 404	3 214	3 152	3 384	4 230
自治区公安机关立案的刑事案件数量	85 342	96 728	79 650	72 954	69 358

资料来源：2015—2019年《内蒙古自治区统计年鉴》。

（三）深入排查化解矛盾纠纷

2018年，内蒙古自治区组织开展社会矛盾化解专项行动。目前全区已投入3亿多元资金用于化解社会矛盾，抽调315名厅级干部和21 320名干部深入基层开展社会矛盾化解工作，组建4个督查组督导治安排查整治工作。全区共排查发现重点地区588个，已整治367个，挂牌整治15个。建立乡镇级、村级综合治理维稳工作中心，组建专门的维稳调解员队伍，化解人民群众的矛盾纠纷。基层政府基本摸清全区社会矛盾问题底数，取得初步成效。

二、民族地区基层政府社会治理的困境

民族地区基层政府面临的社会治理困境，既包括大多数地区存在的共性问题，也包括其独有的个性问题。本文针对民族地区基层政府社会治理的个性问题阐述如下：

（一）社会治理成本较高

民族地区基层社会治理成本高主要体现在以下两个方面：一方面，基层政府在进行社会治理、维稳工作规划时，因为自治区境内民族众多、分布广泛，

加上宗教、文化等因素交织，不得不将文化的多样性与独特性作为考量因素之一进行统筹规划，这在无形当中增加了时间成本与资金成本；另一方面，在构建防控体系并开展具体工作时，由于民族地区地域辽阔，点多面广，一个基层维稳中心所能辐射的范围是有限的，因此在防控体系构建方面的人力、物力、财力投入都会相应增加，导致社会治理成本提高。

（二）社会力量参与度不高

要想达到基层社会治理的良性循环与长远有效发展，政府主导、社会组织参与、居民支持配合缺一不可。回溯民族地区基层政府的社会治理工作，基层政府对于群防群治工作的统筹不够、发动力度不足，社会力量自发参与社会治理工作的主体意识与责任意识淡薄，导致社会组织、人民群众的参与意识、参与能力和参与力度均不高，群防群治的力量、功能和作用未能及时有效发挥出来，这是目前基层政府在社会治理方面应当注意的问题。

（三）社会治理方式创新不足

社会治理方式的创新程度与地区经济社会的发达程度通常呈正相关，经济发展情况好、势头足，社会开放程度高，先进的社会治理理念、做法与经验就比较容易得到传播与交流，比较容易因地制宜地进行实践与发展。相比之下民族地区经济发展较为落后，基层政府主要通过花费大量人力、物力、财力的方式来管理当地社会事务，陷入“走升级、加人力”的老路，不善于利用外包化、社会化等新型方式，社会治理方式创新不足。

三、民族地区基层政府社会治理水平偏低原因分析

（一）人口结构较为复杂，多元文化交织

表2所示为2018年内蒙古自治区辖内各民族人口数量及总体占比情况。可以看到，内蒙古自治区辖内汉族公民占比最多，蒙古族、满族、回族等其他少数民族占比将近23%。人口结构较为特殊，反映出民族地区的社会结构、社会关系较为复杂。就社会结构而言，在民族地区，各民族阶层结构较多，因此社会治理任务更为繁重；就社会关系而言，各民族的生产生活方式、语言文化、风俗习惯、宗教信仰各有不同，社会关系也呈现出复杂多样的特点。值得注意的是，在多元文化共生存的情况下，各民族在互动过程中有时会产生不理解、不尊重等问题，摩擦与隔阂也在所难免，加之各民族之间政治、经济等权益保障政策并非全然相同，有时会激化矛盾和冲突。这无疑给民族地区基层政府进行社会治理增加了难度。

表 2　2018 年内蒙古自治区辖内各民族人口情况

民族	人口数量（人）	占比（%）
汉族	18 788 822	76.99
蒙古族	4 666 079	19.12
满族	557 536	2.28
回族	217 186	0.89
达斡尔族	86 721	0.36
鄂温克族	32 886	0.13
其他少数民族	55 945	0.23

资料来源：《2019 年内蒙古自治区统计年鉴》。

（二）新型合作共治机制尚未完全构建

内蒙古自治区地处祖国北部，受传统因素影响，发展思维较为保守传统，发展模式较为固定，其经济发展和政治进程与经济发达省份相比较为缓慢；当地群众主动参与社会治理工作的意识觉醒较晚，参与积极性和主动性较弱；社会组织的发育程度、发展规模、发展质量与经济发达省份（或地区）相比存在差距；基层政府面临着资金短缺、自身建设不完善、活力不足等问题。这一系列负面因素导致政府、社会组织、公众合力协作这一新型合作共治机制尚未完全构建，制约了基层政府社会治理能力的提高。

（三）缺乏专业治理人才

民族地区基层社会环境独特性和复杂性并存，文化多元性与差异性并存，要想有效发挥社会治理效能，除了应具备物质条件之外，对民族地区的风土人情、历史、文化熟悉、了解，对民族地区的社会结构层次分析透彻，对民族地区特色社会治理之路定位清晰、研判准确的专业治理人才更是不可或缺。然而有时候由于民族地区地理位置较为偏远、经济发展水平相对落后等，难以吸引专业治理人才扎根基层，造成民族地区基层政府专业治理人才缺乏的局面。

四、提升民族地区基层政府社会治理水平对策分析

民族地区无论是自然地理还是社会环境都有自己的独特性，基层政府应当在十九届四中全会精神的指引下整合各种资源，因地制宜地开展社会治理工作，创造性地探寻社会治理的新思路、新方法、新模式。

（一）以十九届四中全会精神作为总体指引，构建内容完整明确的社会治理体系

党的十九届四中全会着重研究了社会治理问题。十九届四中全会公报指出，“社会治理是国家治理的重要方面。必须加强和创新社会治理，完善党委领导、政府负责、民主协商、社会协同、公众参与、法治保障、科技支撑的社会治理体系”。十九届四中全会公报的这一陈述对新时代社会治理体系的具体内容做了更为系统的设计，也为民族地区基层政府社会治理水平的提升指明了前进方向，即遵循国家社会治理的总体思路，构建内容更完整、目标更明确、符合自身实际与时代要求的治理蓝图。

（二）以强有力的经济力量助推社会治理的有效提升

社会治理水平的有效提升必须以强有力的经济力量为基础和保障。民族地区在能源、资源、自然环境方面存在天然优势，可与其他地区相比，其经济发展水平不高，导致优势不明显。因此，民族地区应大力发展经济，依托自身优势与亮点，在以独特的自然环境与民族文化风情为旅游宣传重点的基础上，在满足保护生态环境与不妨碍少数民族生产、生活这两个基本要求的同时，探寻民族地区特色旅游新模式，大力发展当地的经济建设。

（三）思想引领：形成多元化主体合作治理理念

多元化主体合作治理是指相关主体根据自身的职能和优势为社会治理贡献自身力量。例如，政府可以划拨一定的财政支出，为社会基本公共服务提供保障；社会组织可以利用其民间影响力帮助群众表达利益诉求，搭建起公民与政府沟通的桥梁；公民则以其责任意识与奉献精神为基层社会治理助力。因而基层政府必须加快形成多元化主体合作治理理念，在地区范围内倡导宣传“合作治理，人人有责”的思想观念，将政府的公助、社会组织的互助与居民的自助有机统一起来，使治理成果更多、更有效地惠及人民。

（四）制度保障：继续健全基层矛盾纠纷排查和预警机制

健全矛盾纠纷排查和预警机制，使矛盾纠纷排查工作常态化。基层政府工作人员可通过经常性的排查和回访及早发现民族地区基层社会治理过程中反复多发的纠纷矛盾、群众关心的重点难点问题，以及可能因涉及不同民族宗教信仰、风俗习惯等而表现得更为复杂的其他问题，第一时间了解到矛盾和问题发生的根本原因并对此进行溯源分析，为以后的工作提供相关案例经验，为类似情况的发生提供预警。

（五）引进培养专业化治理人才

基层政府要贯彻“人才兴则乡村兴”的理念，大力实施人才战略模式。具体可以从以下几方面展开：①加强基层工作人员培训力度，提升培训质量，可以聘请本地区专业技术人员对工作人员进行专项培训学习，夯实专业化社会治理的理论基础；②建立健全本地区人才引进制度，用制度作为保障，选拔吸引优秀人才到基层一线，为其搭建坚实的发展平台、提供广阔的成长空间，使长期在基层工作的人员看到希望、得到实惠，充分发挥优势扎根基层治理。

党的十九届四中全会明确提出，新时代我国社会治理的基本体系以党委领导、政府负责、公众参与为基本模式，以社会协同、民主协商为特色路径，以法治保障、科技支撑为社会治理创新保驾护航，在进一步推进国家治理体系和治理能力现代化进程的同时，还彰显了推进社会治理的系统性思维，展现了社会治理体制结构的新布局。这启示我们要彻底摒弃以往“新瓶装旧酒”式只换表面形式而不改实质内容的套路，要运用系统性思维，脱离“路径依赖”的惯性思维，在党的社会治理新布局下探索适合地方发展的经验，提高民族地区基层社会治理水平。

多元治理视角下L镇乡村基层治理问题研究

张瑞雪　高翠玲

实现农村社会有效治理是促进乡村全面振兴的重要内容。我们要总结改革过程中展现出来的先进基层治理经验，又要分析其中依然存在的短板和不足，落实经验，改善不足，实现乡村有效治理，推动基层治理体系和治理能力现代化。实现乡村有效治理，仅依靠政府是不够的，需要扩大治理主体的范围，吸引其他社会组织的共同参与，激发治理活力，这样才能提供更好的公共服务和创造更高的公共利益。实现基层治理现代化不仅要依靠政府，还需要基层自治组织和其他社会组织的参与，通过分析L镇基层治理主体在农村社会治理过程中的具体措施，分析其目前存在的不足，并提出切实可行的建议，以期能够提升农村基层治理能力。

一、L镇基层治理过程中存在的问题

（一）道德与法律约束力弱，矛盾冲突难解决

随着农村各项改革的深化，农村的生产、生活方式发生了巨大变化，传统的公序良俗受到冲击，尤其在村规民约、人伦关系遭到破坏的情况下，法治建设的缺失和传统道德约束的崩塌导致乡村治理秩序出现混乱，从而导致村民之间、村民与自治组织之间产生的矛盾冲突难以解决。随着智能手机越来越普及，农村因为社交网络造成的家庭内部、邻里之间的争吵次数明显增加。土地是农民赖以生存的根本，近年来为了实现集体化经营，土地多被承包出去，基于熟人关系的承包多为口头交易，未签订合同，土地几经流转后不知向谁索要租赁费，原本答应的租赁年限也说变就变，因为土地流转而产生的矛盾纠纷越来越多。农村的矛盾纠纷从以家庭内部矛盾和邻里矛盾为主，逐步变为以土地承包、项目征地和转租收益等经济类纠纷为主。另外，还存在村民选举纠纷等。村两委对村民之间产生的矛盾纠纷处理不当，造成群众和村干部之间的关系紧张，村民不愿或不能参与村委会的日常管理工作。以上种种都说明，乡村自治运用法治思维和法治方式的能力亟待提升。

（二）治理主体能力不强

建制村是基层治理的基本单元，对建制村的治理能力主要体现在村两委的工作能力和民主选举、民主决策、民主管理、民主监督的落实程度等方面。当前村两委干部的年龄大部分为45～60岁，文化水平偏低，受“官本位”思想影响，把农民当成管控对象而不是服务对象，对自己的职责认识比较模糊；对农村日常事务的管理方法简单，习惯感情用事。某村村民在访谈中说：“有些村干部一上任就像变了一个人似的，我们有什么问题找他，总会说上面有要求、上面有规定之类的话，对我们的事情总是能推就推、能拖就拖，倒是对领导的事情比较上心。”调查过程中，村民对村两委的工作方式和工作能力的满意度百分比仅达到50%，这反映出L镇村两委干部的治理能力、责任感和服务意识有待提高，同时干部的创新意识和担当能力也有待提升。这样才能符合现代乡村治理的基本要求，带领村民建设社会主义现代化新农村。

村民作为乡村治理的直接主体，依法享有民主选举、民主决策、民主管理和民主监督的权利，应积极参与到村民自治管理当中，但是面对村内的各项事务和乡村长期发展规划，大多数人持一种冷漠的态度。此外，选举不规范、作为决策机构的村民会议流于形式、村民意见不被采纳等问题普遍存在。

（三）多元共治的治理格局存在缺陷

实现乡村有效治理要构建共建、共治、共享的社会治理格局，因此需要鼓励支持多方主体参与乡村治理。目前农村只有基层党组织、村委会、妇联等正式组织，但在实际工作中，基层党组织建设并不完善，村委会的社会治理和服务职能并没有体现出来，妇联等组织几乎形同虚设。随着经济的发展，农村中的各类生产经营合作社逐步发展，如种植养殖专业合作社、大棚种植专业合作社等，这些合作经济组织主要发挥了提高经济收入、带动农业的产业化经营和现代化建设等经济性作用，其他功能并不明显。除了上述几类组织，农村的其他类型社会组织几乎没有。目前，其他类型的社会组织在乡村治理中的作用不明显，甚至存在一定程度的缺失。

二、L镇存在的治理问题成因分析

（一）道德建设与法治建设滞后

在根深蒂固的传统文化影响下，我国农村地区非常看重熟人社会关系以及人情往来。熟人社会最大的弊端就在于处于关系网中的人与人之间互相维护，习惯利用个人的人情或关系来采取行动。在民主化与现代化的进程中，这种熟人社会不利于民主和法治的进行。"法"这个词在农村既熟悉又陌生，群众对于法治的了解度和认可度还不高，在处理日常事务和矛盾纠纷时往往想不到也不懂得使用法律手段来保护自己。村干部中也不乏对法律缺少了解的人，他们对于法治工作不熟悉，法治思维能力欠缺，无法自觉运用法律知识处理村里产生的矛盾纠纷。传统的道德风俗和村规民约在快速的城市化进程中大多被摧毁，同时又缺乏法律约束，这就使得乡村治理缺少道德以及法治保障。

（二）农村经济发展滞后，人口老龄化严重

L镇农民的经济收入主要来源于耐旱的粮食作物如玉米和谷子的种植。L镇土地分散且土壤肥力不高，村民的种植技术和机械化水平较低，因此种植收入水平较低。近年来大棚蔬菜种植在L镇日渐兴起，但是规模较小，产业化经营落后，农村集体经济发展相对落后。L镇大部分青壮年为了生计选择进城务工，妇女和老人成了农业经营的主体，劳动力骤减，人口老龄化严重。农村普遍面对这样的困境：常年在外务工的青壮年在村里待的时间较少，对谁成为村干部并不关心；村里留守人员大部分都是老人、妇女、儿童，劳动力不足，粮食产量低，无法带动农村经济发展。留守人员的文化水平、民主和法治意识也相对落后，缺乏创新精神和接受新事物的能力，无法满足新型农村建设对干部人才的客观需求，借助互联网和大数据的先进的工作方式不能被老一代人接受，无法在农村基层工作中得到更好的普及，导致基层治理能力很难得到进一步提升。

（三）基层治理主体之间权责不明确

构建共建共治共享的多元治理格局，既需要地方政府发挥好治理主体作用，统领全局，指明方向，又需要地方政府在治理中合理划分权责，给村委会行使村民自治权的空间。目前地方政府和村委会之间关系混乱的原因在于，地方政府村委会的工作干涉过多过细，村委会不得不协助地方政府开展很多工作，超出了村委会的承受能力，使得村委会既没做好地方政府交代的事务，也不能切实为村民服务。村两委成员之间也存在不团结、各自为政的问题，个别成员独断专行且利己主义严重，借着群众赋予的权力办自己的事。部分村干部受年龄和能力的制约，缺乏长远规划的能力，吃不透上级传达的政策精神，解决不了村子发展面临的困难。部分村民为了一些蝇头小利就随便行使选举权，导致村民选举有失公正透明，村民不信任选出的村委会成员，对村两委的治理能力存在质疑。各治理主体之间的复杂关系和不明确的权责分配使得乡村治理主体无法有效定位和履行职责。

三、优化乡村治理的对策建议

（一）加强德治与法治建设，着力推动“三治”融合

党的十九大报告提出，实现乡村治理体系的现代化，要坚持走乡村善治之路。实现乡村善治，要坚持以自治增强乡村活力、以法治保障利益和约束不当行为、以德治弘扬正气和树立正确价值观，着力推动“三治”融合。健全以基层党组织为领导、地方政府负责、村民自治组织和其他社会组织共同参与治理的治理体系，各组织要按需设置，依职履责，依法办事，从源头上杜绝各治理主体之间推诿扯皮的现象。在农村开展“法律下乡”和“法律援助”等活动，对村民进行法律知识的普及，引导村民通过法律来调解矛盾纠纷。村规民约是各村庄因地制宜提出的符合本村实际情况的约束条款，是法律的补充和延伸，也是道德传统的具化体现，因此要设计合理，要求村民必须遵守。健全村民激励机制，充分发挥村内党员、道德模范等先进分子的模范带头作用，宣传他们的优秀品质，举办“三好”村民、最美孝心、“五好”家庭等评比活动，激发大家的参与性，提高村民的道德素养，加强乡村的道德建设。

（二）发展和壮大农村集体经济，加强人口流动

老龄化在农村体现得更加明显，原因在于我国农村地区经济发展水平相对落后、青壮年人口流失严重。要改变农村现状，还是需要从农村自身的长远经济发展出发。农村集体经济和特色产业的发展繁荣将大大增加劳动力人口的流入，因此，发展壮大农村集体经济，要结合当地的产业特征以及资源、交通等综合因素，因地制宜地制定发展规划。要选好经济带头人、选择能力强的村两委成员。村内人手不足，可向上级政府申请委派觉悟高、能力强、思路广的优秀大学生村官、第一书记等，为发展集体经济提供组织人员保障。要充分挖掘自身的资源潜力，邀请专家和技术人员对村民进行培训，鼓励支持村民留在当地发展、创业，帮助村民大力发展养殖、粮食种植、大棚采摘等多种经营，形成规模发展，打造“一村一品”的产业格局。当地经济发展起来了，人民生活水平提高了，自然会留住青壮年劳动力以及各个行业的精英人才，从而带动农村基础设施、文化卫生、社会保障等各方面的发展，削弱老龄化对村民的影响。

（三）理顺各治理主体间的关系，做到权责明确

构建多元共治的乡村治理格局，要理顺各治理主体间的关系，明确各方的责、权、利，才能实现合作治理。

坚持党建引领，完善基层党组织建设。调整优化基层党组织设置，切实发挥基层党群服务中心的作用，组织村里党员开展志愿服务工作，在乡村治理中发挥模范作用，带动村民参与到家乡发展中来。党员要密切联系群众，帮助村民解决实际困难的价值，为村民提供帮助和关爱服务，引导农民信任党组织、感谢党组织、追随党组织。

作为基层治理主体的地方政府要加快政府职能和管理思想的转变，努力建设服务型政府和治理型政府。要进一步厘清和优化自身职能，明确责任分工，建立统一指挥、高效协作的基层治理体系。创新社会服务能力和管理方式，将国家的制度和政策与具体实际相结合加以传达和落实，由过去的管理者向服务者转变，引导各社会组织的参与，提供更优质的社会服务。

农民是实现乡村治理现代化的建设者和成果受益者，要提高农民的主体意识、民主参与意识，鼓励村民积极主动地参与农村治理的全过程。这就需要健全和完善村民自治制度。地方政府要肯定和尊重村民自治组织（即村委会）在乡村治理中的重要地位，减少干预。村党支部和村委会要密切配合，步调一致，共同为村民服务，使村委会真正实现自我管理、自我教育、自我服务。拓宽村民参与村内公共事务的渠道，不仅召开村民代表会议、村民大会，还可以设立小组会议，定期将小组会议商讨的问题在村民代表会议上进行商议，提出解决办法。发展壮大群防群治力量，尝试乡村网格化管理，村两委成员要充分发挥为村民提供公共事务服务、调解民间矛盾纠纷、维护村庄治安，发挥其在村民和地方政府间的纽带作用。当村民的建议得到接受和落实、村民的利益得到维护时，村民及村民自治组织自然有充分的自主性参与到乡村治理中来。

扶持乡村社会组织发展。加强现有组织如妇联的组织建设，发挥其联系群众参与民主管理与监督的作用；通过税收优惠、信贷支持等措施支持农村经济类合作组织发展，提高农村集体经济的发展水平；通过政府购买等方式吸引服务性、公益性和互助性社会组织来农村开展工作，带动农村地区社会工作和志愿服务的发展。完善农村社会组织相关法律制度，依法引导规范农村社会组织发展，帮助其解决运作过程中出现的矛盾和纠纷，切实保护其合法权益。

促进乡村全面振兴，务必要筑牢乡村治理这个根基。L 镇的乡村基层治理实践证明：建立健全党委领导、政府负责、社会协同、公众参与、法治保障、科技支撑的现代乡村社会治理体制，有利于农村多元治理主体合理分工、实现共治，提升基层治理效能，促进农村和谐稳定发展。

多元主体下库伦旗生态治理能力提升困境及对策

胡晓宇　于翠英

党的十九届四中全会明确提出坚持和完善生态文明制度体系，促进人与自然和谐共生。统筹推进“五位一体”战略布局，其中生态文明建设是基础，因此提升基层政府的生态治理能力是当今时代应重视的重大课题。基层政府生态治理水平和能力的提升是适应国家治理体系和治理能力现代化需求的必然选择。近年来，库伦旗政府为达到治理体系和治理能力现代化的目标，针对生态治理能力的提升，结合地方实际情况出台了一系列关于生态环境治理的政策，也取得了一定的成效。但在这一过程中，库伦旗政府仍然面临着一些困境。为了更好地提升当地政府的生态治理能力，从多元主体协同治理的视角出发，分析困境产生的原因并构建符合当地情况的多元主体协同治理体系显得尤为重要。库伦旗政府通过多元治理解决所面临的生态治理难题，对深入贯彻生态文明建设思想、实现生态治理能力现代化具有深远的意义。

一、相关文献及理论背景

1972年召开的联合国人类环境会议明确提出了“环境保护”这一概念，并在《人类环境宣言》中分析了当代环境问题。此后，世界各国都开始注重环境治理。环境治理方法的转变始于20世纪后半期。BARRY（2008）认为，基于环境保护和社会开发的综合倾向，环境可持续发展的未来道路必须注重政府和地方政府之间的有效合作；政府应实施适当的放权，在不断深化环境问题研究的同时，加深与其他主体之间的合作[1]。EDGE等（2019）提倡环境协同治理，建议改变之前的环境管理模式，通过调整公共和私人的利益来促进环境治理的协作[2]。

近年来，协同治理的概念持续发展，使得传统管理方法发生了很大变化，多元协同治理系统的构建取得了明显进展。多元协同治理需要各主体之间的相互信赖和合作。这种模式用于基层政府中，可以有效、合理地分配人力、物力和其他资源，使基层政府环境治理的进程持续、有效推进。通过研究国内外的经验和成果发现，国外关于基层环境合作治理方面的研究比较成熟，已经形成丰富的理论体系和实践经验，其中体现出的交叉学科和不同领域之间的联系更加明显，但是，对于在政府、企业、公众三个治理主体之间如何达成有效的相互作用等问题，几乎没有研究涉及。本文主要结合我国基层政府的实际情况，探讨如何提高各方对基层生态环境协同治理的能力。

基层生态环境的协同治理包含很多主体，在基层生态环境协同治理的具体过程中，不仅要提高政府的指导和支持，还要加强与企业、其他社会组织和公众等各种主体的协调与合作[3]。

二、库伦旗政府在生态治理过程中面临的困境

（一）政府相关职能缺失

政府应在生态治理过程中发挥重要的主导作用。同时，由于生态治理是一个漫长而又复杂的过程，它需要各主体共同参与、协同治理。2017 年，库伦旗政府针对生态保护建设出台了《库伦旗禁垦禁牧工作管理办法》《库伦旗公益林护林员管理办法》，进一步强化了政府对生态治理的管理。这两项办法尽管规范了当地生态管理的制度，但是其中并没有提到企业和公民的相关利益诉求，无法调动二者的积极性。此外，在多元主体协同治理方面，库伦旗政府的监督管理能力也存在不足。

政府相关职能缺失主要体现在以下几个方面：

（1）政府工作人员缺乏生态治理责任意识。早期库伦旗政府存在重视经济建设、轻视生态环境治理的问题，导致政府工作人员的生态治理责任意识存在缺失，影响当地生态治理效能。

（2）库伦旗政府在生态治理建设中，对相关企业和公众重罚款、轻处罚，没有实行真正严格有效的管理办法。库伦旗政府平时对企业和公众的生态破坏行为监管标准过于宽松，反映出当地政府在生态治理中监管能力的不足。

（3）在实施重点生态治理项目中，库伦旗政府并没有充分调动当地的企业和公众，没有将各方力量的资源进行有效整合，从而导致项目进程推进效率低下，其他主体在政府的主导下被动参与，积极性不高，政府、企业和公民三个主体之间的合作不广泛、互动性不足，影响了当地的生态治理效果。

综上所述，政府相关职能缺失对提升基层生态治理能力产生了消极作用。

（二）企业缺乏动力

动力不足是库伦旗企业参与生态治理的最大困境。由于政府主导，企业的诉求难以得到满足，企业很少能够参与生态治理中。尽管有个别企业参与进

来，也是迫于政府的压力，企业自主参与的动力严重不足。在这样的情况下，企业能发挥的作用十分有限，良好的企业参与形式难以建立，同时企业在被动参与生态治理的过程中也会失去一定的经济利润。以上原因的存在会加大企业“搭便车”的心理，使企业消极地面对生态治理的问题。

在生态治理过程中，库伦旗政府并没有发布相关政策以有效推动企业参与生态治理。具有生态治理能力的企业没有得到合理、合法的支持与保障。企业缺乏动力是推进企业参与生态治理的一大难题，这直接关系企业参与生态治理的积极性。

（三）公众作用得不到充分发挥

库伦旗政府为了实现生态治理体系和治理能力现代化，对环境保护展开广泛宣传，库伦旗社会公众逐渐意识到了生态治理的重要性，生态环境保护意识也逐渐加强。但由于库伦旗处于半农半牧地区，公众长期依赖于政府宣传，自身缺乏生态治理的相关信息，公众参与生态治理的意识仍然不高。

就整体而言，在库伦旗制定政策、推行政策等多个环节中，公众的参与程度相对较低。其中最为重要的是，公众缺乏多样化的参与渠道。尽管政府提倡公众通过多样化手段参与政策制定和监督管理，但政府并没有提供明确的参与途径，多数公众想要表达意愿仍然靠传统的手段和方法。

三、原因分析

（一）政府运行机制亟待完善

目前，为解决生态环境污染对社会发展造成的负面影响，国家采取了一系列措施，并制定出台了相关的法律法规。库伦旗政府在生态治理过程中遵循国家、内蒙古自治区及通辽市的相关法规，但由于存在碎片化、原则性强、操作性弱等现象，在整个治理过程中缺乏完整、系统、规范的法律体系作为保障，生态环境多元主体协同治理制度难以落实。

高效的生态治理需要明确各方的权责关系，否则会使治理主体在治理过程中责任划分模糊，从而影响整个治理过程的成效[4]。结合库伦旗的实际情况来看，库伦旗发展和改革委员会、林业局、农牧局是当地生态治理过程中的主要权力部门。但在发布管理办法时，各主要部门并没有明确各自的管理范围，在处理某些争议问题时，各部门沟通协调工作不到位，容易出现互相推诿扯皮的现象，导致问题难以解决或需要大量的时间解决，严重影响工作进程，行政效能低下，难以形成整合有效的治理能力，导致生态治理执行和监管难以发挥真正的作用。

目前，库伦旗政府在生态治理中缺乏横向合作与纵向互动，因此多元主体协同治理面临能力不足的困境。库伦旗政府由于生态治理部门的职能交叉、权责不清导致生态环境协同治理效率低下，使得该地区的生态治理问题迟迟得不到解决，政府不能更有效地提升生态治理能力。

（二）对企业的服务引导机制不健全

企业之所以参与动力不足，很大程度上是因为企业缺乏充足的资金和较先进的技术可以用于生态治理。在库伦旗，中小企业数量有限，且仅有4家规模企业，这导致当地企业在生态治理资金和技术两个方面的要求远远得不到满足，企业难以参与生态治理工作。库伦旗生态治理呈现政府主导的局面，政府往往通过强制手段要求企业参与其中，而在推动企业参与生态治理市场化方面缺乏对企业的服务和支持。此外，政府在生态治理中对企业的实际生产经营情况欠缺考虑，没有照顾企业的自身利益，而往往采取行政强制手段，对企业参与缺乏引导，对企业服务、支持有限。对企业的服务引导机制不健全成为企业积极参与生态治理的主要障碍。

（三）公众参与机制缺失

对于库伦旗生态治理来说，当地公众参与生态治理主要是被动参与，公众可以采取的主要方式有信访或是通过库伦旗人民代表大会代表和中国人民政治协商会议库伦旗委员会委员的提案，因此公众在参与过程中难以掌握主动权。同时，库伦旗政府对公众的参与尚未提供系统的制度与保障。库伦旗公众参与生态治理的途径有待拓宽。

四、对策

（一）加强主导作用

1. 完善相关法律制度

（1）明确生态治理过程中各主体的法律责任。库伦旗政府在依托法律法规的情况下，应进一步说明当地政策实施过程中各主体之间的责、权、利关系，使生态治理依靠多元化主体的参与不断推进。

（2）学习、了解国外生态治理的先进经验，根据库伦旗的具体情况加以借鉴，以完善生态治理执法监管制度。

（3）在制定生态治理相关法规时，应全面考虑地区的实际情况，并结合实际制定有针对性的生态治理相关法规。

2. 明确各主体利益

库伦旗政府可以通过出台相关管理办法和准则，明确各主体在生态治理中的利益边界。由于生态环境治理需要投入大量财力、人力和物力，而且治理过程需要花费漫长的时间，需要多方共同参与，所以想要完成地区生态治理工作，就要明确该地区的生态利益分配，也就是政府应该制定各主体利益的补偿机制，从而降低各方的投入成本。

（二）企业充分发挥市场调节作用

企业应通过加强教育、注重培养专业人才、加大科研投入力度等方式，为政府生态治理能力的提升提供人才和技术支持。生态治理的特殊性要求企业改变以往的运行模式，不能只追求经济效益，还要注重生态效益，所以，企业应积极发展生态经济，实现经济效益和生态效益的双赢。

（三）公众充分发挥补充作用

为保障公众以高效的方式参与生态治理，必须引导全社会树立正确的生态理念，通过公众的广泛参与促使政府提高生态治理能力。

（1）公众要学习生态治理知识，从而提高生态保护意识。同时，利用互联网等多个渠道搜集生态治理的相关信息。

（2）公众要养成生态环保理念，在日常生活和工作中倡导可持续发展，合理利用和节约资源，并且能够积极参与各类与生态文明建设相关的活动。

公众对生态环境的漠不关心以及公众生态知识的缺失都会为生态环境的治理带来困难，所以要在日常生活中对公众加强环境保护意识的宣传教育。只有社会各界齐心协力形成保护环境的共识，同时基层政府加大对环境治理的投入，充分调动公众保护生态环境的自觉性，提高大家的生态环保意识，把工作落到实处，才能改善目前基层生态治理中出现的问题。

五、结语

生态环境治理是国家治理体系的重要组成部分，生态治理能力的现代化是国家治理体系和治理能力现代化的重要内容[5]。实践经验表明，多元主体协同治理是改善生态环境、提升基层政府生态治理能力的最有效途径。

本文从多元主体的视角出发，通过查阅大量文献、整理相关资料，对库伦旗生态治理现状进行了阐述和分析，找出库伦旗多元主体协同治理生态环境过程中存在的问题，探讨出现问题的主要原因，分别针对政府主体、企业主体和公众主体进行深入的分析，从而提出库伦旗政府提升生态治理能力的对策建议。

参　考　文　献

［1］BARRY M. Capacity building for the future of health promotion［J］. Promotion and education，2008，2（4）：56－58.

［2］EDGE S，MEYER S B. Pursuing dignified environment security through novel collaborative governance initiatives：perceived benefits，tensions and lessons learned［J］. Social science and medicine，2019，232（1）：77－85.

［3］陈正．重庆市乡村环境协同治理的影响因素研究［D］．重庆：西南大学，2020.

［4］胡凌艳．当代中国生态文明建设中的公众参与研究［D］．泉州：华侨大学，2016.

［5］沈佳文．推进国家生态治理体系和治理能力现代化的现实路径［J］．领导科学，2016（6）：7－8.

XIA PIAN 下篇

基层社会治理的社会建设

JICENG SHEHUI ZHILI DE
SHEHUI JIANSHE

论个人信用权

姜爱茹

关于个人信用权①是否为一项独立的民事权利，现在基本分成了赞成和反对两派。赞成派认为信用权应当成为一项独立的民事权利，但对信用权性质的认识又出现了分歧，有人格权说[1-4]、财产权说[5]和商事人格权说[6]三种；反对派认为个人信用权无独立的必要，应当将信用利益的保护置于名誉权之下[7-11]。

本文将对个人信用权的独立性和法律性质进行探讨，进而探讨个人信用权应采取的保护模式。关于个人信用权能否独立，需要厘清三个有争议的问题：①个人信用权的客体及权利性质是什么；②个人信用权独立的必要性以及与其他权利的界分；③个人信用权的保护模式是什么。探究信用权首先应当对信用的本质有一个清晰的判定。

一、信用的本质和特点

（一）信用的本质

本文探讨的是经济领域的信用，与信用主体的经济能力和经济行为相关。信用的本质在于“基于过去而对未来产生的信任”。但信用和信任是不同的：信任指的是一种内心期待和感受，侧重于心理层面、主观层面；而信用则是这一内在心理倾向、内心状态的评价性转化，本质上是一种“信息”[12]。信用的产生过程是信用信息的形成和评价过程，包括信用记录和信用评分，而且是由具体的信用信息到抽象的信用评价的形成过程，评价的是信用主体的过往经济行为和经济能力，评价后形成的是对未来履约能力的期待（即信任）。信用以对未来履约的信任为目的。

我国目前仍处于社会主义市场经济的初级阶段，信用体系的建设还不健全，少数市场主体缺乏诚信意识。根据信用信息的来源、性质和起作用的机

---

① 从主体的角度划分，信用权可以分为个人信用权和法人信用权，本文只论及个人信用权。法人信用权等同于商业信誉权，属于法人财产权的范畴，不在本文探讨之列。

理，信用机制可分为三种：①政府信用机制，由社会公共部门主导，将其在公务活动中掌握的市场主体基本信息、许可（备案）和处罚信息等进行开放共享，并实施失信联合惩戒与守信激励机制；②由各行业企业（在互联网经济中，主要是平台型企业）或行业组织主导参与，将基于交易对象履约状况形成的信用记录和评价信息在一定范围内交换共享，形成市场化信用评价机制；③根据客户需求，为防范交易风险，由专业信用服务机构对市场主体进行评价，形成信用机制。后面两种信用机制均由市场配置信用信息资源，一般不需要政府介入，并通过市场主体自主决策、采用接受或拒绝交易的方式产生信用激励或约束机制，可以统称为市场信用机制[13]。我国的社会信用体系要同时解决经济交易风险和社会诚信缺失两大问题，因此信用在我国兼具市场经济属性和社会管理属性[14]。近些年，我国在经济领域和社会道德领域出现一些“失信人”，还有一些地方和行业出台了行人闯红灯减信用分、将地铁不文明行为或医闹行为纳入个人信用不良记录加以失信惩罚之类的措施，引发热议。

笔者认为，将不文明、不道德行为纳入信用不良记录，实际上是一种广义的声誉（名誉）① 罚[15]，与信用无关，更不是失信惩罚。信用与金融和经济活动相关，信用评价参考自然人的履约次数、履约能力、个人资产等因素，及时还款付费、信守契约都会被信用机制记录并形成个人良好的美誉，即个人信誉。个人信誉（即信用历史）的好坏是评估其能否获取消费信贷以及获批多少贷款额度的决定性指标，关乎自然人的经济利益。与个人信誉相关也易混淆的概念是名誉。名誉是一种社会评价，是大多数人基于道德的共识对个人素质的综合评价，包括个人信誉度、是否遵守公共秩序、个人道德品质好坏等多个方面。信誉关乎商业风险，涉及经济领域；名誉关乎社会公德，涉及道德领域。某人守信用，并不意味着他遵守公德，因此，对名誉和信誉的保护应当加以区分，对名誉权和信用权应当加以区分。然而，实践中人们却往往将名誉和信誉两者混淆，普遍存在用名誉罚代替信誉罚的现象。

（二）信用的特点

1. 信用具有信息性、社会性和公共性

从历史渊源来看，征信产生的主要目的是解决信贷市场信息不对称问题。征信活动最早出现于19世纪末，由市场自发形成，当时是为解决由于放贷人之间信息不共享使得一些借款人可以在欠钱不还的情况下从另一个不知情的放贷人那里继续借到钱的问题[16]。在市场经济时代，人们的经济联系更加紧密，

① 声誉实际上指声望和名誉。声誉多用于有一定社会地位的自然人或有一定社会辨识度的企业，而名誉用于普通人，因此本文将“声誉”替换成“名誉”。

相互依存性日益增强，基于交往的需要会产生和留存大量信息。现代社会对自然人的信用评价主要是通过征信系统收集信用信息来完成的，这些信息包括个人的基本身份信息、个人的信贷信息、个人的社会公共记录信息等，而且在这个过程中，信息内容一般就被固定下来，很难更改。因此，其内容是否客观与准确对信息主体的利益至关重要。征信系统收集的信息，尤其是负面信息，对信息主体利益影响巨大，因此要保障信息主体对信息的知情权和对错误信息的更正权。一方面，个人信用形成的整个过程，从信用信息提供到征信报告产生再到信用信息使用，是严重依赖社会分工的；另一方面，个人信用的使用具有帮助信用信息主体和使用者防范信用风险、提高交易效率的功能，因此信用是具有商业价值和社会属性的。征信本质上是由征信机构提供的信用信息服务，它解决了单一授信机构无法解决或需要耗费较高成本才能解决的问题，征信体系的建设成为国家重要的金融基础设施建设，具有公共属性。

2. 信用具有义务属性

信用权是人格权的一种，但是与人格权的其他权利有所不同。人格权中的名誉权是关于名誉的权利，隐私权是关于隐私的权利，而信用有义务的属性，因此不能简单地说信用权是关于信用的权利。基于交易效率（节约成本）和交易安全的需要，信用的义务属性对参与经济生活的民事主体提出了诚实守信、恪守承诺的要求，信用因此包含较多的义务因素。这要求自然人在参与经济活动的过程中诚实守信，不辜负对方的信赖。具体来说，自然人的信用义务主要包括两个方面：①契约义务，主要是经济信贷领域的及时履约；②公法义务，例如及时缴税、履行生效判决裁定等。如果违反契约或公法义务，信用会受到影响甚至需承担法律责任。失信的法律责任更被有些学者称为除刑事责任、民事责任、行政责任以外的“第四种法律责任”[17]。在征信法律关系中，自然人的信用义务与征信机构的征信权、征信机构的征信义务与自然人的信用权是一一对应的关系。

二、个人信用权本体论

（一）个人信用权的客体——个人信用利益

信用有义务属性，但不能说个人信用权的客体就是信用。个人信用权的客体是权利层面的信用，即个人信用利益。民事权利的本质是民事利益，民事利益的法定化形式就是民事权利。民事利益的不同是区别不同民事权利的关键所在。根据刘德良（2014）“区分民事权利对象和民事权利客体”的观点[18]，笔者认为，个人信息是与信息主体有关的各项权利的对象和载体，个人信息上所承载或体现的利益为相关权利的权利客体，不同性质的个人信息体现了信息主体不同的人格利益，不同的人格利益经由法律确认生成各项具体人格权。例如，隐私信息体现隐私利益，经由法律确认生成隐私权；姓名信息体现姓名利益，生成姓名权；肖像信息体现肖像利益，生成肖像权；信用信息体现信誉利益，生成信用权。

据此笔者认为，个人信用信息是个人信用权的权利对象，是个人信用权的权利载体。从征信过程来看，个人信用信息是征信的评价对象，而个人信用利益是个人信用权的权利客体。实际上，征信环节中的个人信用信息是一种经过抽象与归纳的，与个人信用行为和个人信用能力密切相关的信息的集合。目前个人信用信息的来源主要是征信系统的征信报告、信用评分信息。我们根据个人信用信息所反映的内容来判断自然人的信用能力，做出相应的信用评价。

个人信用权的权利客体是个人信用利益。个人信用利益有人格利益和财产利益两个维度。人格利益包括人格尊严和人格自由两方面，个人信用利益的人格利益主要涉及人格自由。人格自由包括人身自由、精神自由以及个人依法享有的自主决定的权利①。个人信用利益中的人格利益指自然人的信用，与自然人密不可分、不可转让，自然人可积极利用或保有其信用，自主决定是否从事交易和求职，体现了一种自主决定的自由和行为的自由。因此，笔者虽然赞同个人信用权属于人格权，但认为它不属于人格尊严权而属于人格自由权。个人信用权的财产价值在于，基于客观公正的信用评价而形成的良好个人信用，使得信用主体可以凭借此“良好信用的可信任性”获得银行信用贷款、进行经济交易或求职成功，这些事项无疑对信用主体具有财产利益，但该财产利益是人格利益派生的利益，具有间接性。

（二）个人信用权的性质

根据有无财产内容，民事权利可以划分为人身权和财产权两大类。人身权以人格利益和身份利益为内容，不直接体现财产利益，是专属权，不能转让和继承；财产权是直接以财产利益为内容的权利，为非专属权，可以转让和继承。信用权的本质在于它与主体的人格密不可分，应属人格权的范畴。

人具有自然属性和社会属性。生命、身体、健康这些人格要素体现了人的自然属性，与自然人的人身密不可分，被称为物质性人格权；姓名、肖像、隐私、名誉、荣誉、信用这些人格要素体现的正是人的社会属性，是对民事权利主体进行标记、描述和评价的外在信息，反映人作为社会成员的精神利益，反

① 《民法典》第九百九十条第二款规定：“自然人享有基于人身自由、人格尊严产生的其他人格权益。”但笔者认为，此处的“人身自由”表述为“人格自由”更为妥当，因为人身自由是一项具体人格权，人格自由才是一般人格权应当保护的法益。

映了社会对于主体的价值认同，被称为精神性人格权。信用权的本质在于它与主体的人格密不可分，属于人格权的范畴。作为信用权客体的信用利益主要体现人格自由价值，它体现的财产利益目前不能够脱离主体而单独转让和处分。信用权被侵害，侵害的是信用主体从事信用经济活动的自由。信用限制的本质是资格限制，会导致被侵权人丧失交易机会进而失去实现其财产利益的权利。

财产利益主要体现财产的交换价值。不能因为人格属性会为民事主体带来财产利益，就认为信用权是财产权。财产权直接体现财产利益，能够直接转让和处分，权利主体直接依靠其交换价值进行置换，财产权的内容能够脱离权利主体进行。而如果离开了民事主体即自然人本身，信用权益的财产价值将无所依托，并且信用权的财产价值只是一种期待法益，并不是现实法益，是一种间接财产利益。信用权的财产利益与其说是财产利益，不如说是获得财产利益的资格，因为良好的信用只是给信用主体带来了获得信贷、进行交易、求职成功的前提条件，即资格。信用权益的财产价值是以自然人具有获得财产利益的资格为前提的，所以说，个人信用权是人格权而不是财产权，它具有人身专属性，不能继承、不能转让。

（三）个人信用权的概念和内容

个人信用权就是个人基于客观真实的信用评价而享有的信用利益，具体指的是自然人通过交易活动而从社会获得公正评价并以此取得相关利益的权利。为确保对个人信用的客观公正评价，个人信用权的内容应当包括对信用信息的知情权和异议权、对信用信息的维护和利用权，以及禁止他人侵犯其个人信用的保护和救济权[19]。

在征信过程中，信用信息的内容一旦被固定下来，很难得到更改，因此其内容的客观与准确与否对信息主体的利益至关重要。要保障信息主体对信息的知情权和对不当、错误信息的更正权。

三、个人信用权与相关权利的厘清

由于个人信用权的缺位，在现行司法判决中是通过名誉权对信用利益加以保护的，信用权和名誉权最为接近。同时，由于信用的产生是以个人信用信息为基础的，因此个人信用权和个人信息权也有着千丝万缕的联系。

（一）个人信用权与名誉权

《民法典》颁布之前的司法实践中，个人信用权益的保护归于名誉权之中。这不仅是因为在现行立法中信用权益保护没有直接的请求权基础，还因为信用权益保护和名誉权保护从产生之初就有密切的关联，而且名誉权和信用权同为评价性人格权。在古代罗马法中，信用和名誉是主体人格的重要内容，同属于精神利益的范畴，有着相同的人格属性[5]。这导致名誉权和信用权至今难以分开。

首先，信用与名誉的不同之处在于：信用关乎商业诚信，名誉关乎社会公德。民事主体的名誉为社会评价，而社会评价源于社会公众的言论，公众言论可分为事实陈述和意见表达两部分[20]。公众言论难免会因为信息的不对称、个人见解的差异等因素导致对同一民事主体的评价不一，这使得公众的言论自由和民事主体的名誉保护成了一对矛盾。反观个人信用权，随着中立、独立的征信制度的建立，个人信用记录的产生和信用评价的形成已非常专业化，不同于对名誉的评价“仁者见仁、智者见智”的强主观性，对个人信用的评价已非常“理性化”。所以信用的评价机制和名誉的评价机制是有很大不同的。而且，虽然名誉和信用都关乎评价，但名誉涉及一般的道德评价，与人的品行、声望、才干、价值观密切相关，评价的主观性更强。而信用评价的形成客观性更强，不但包括正面评价，还包括负面评价，它是信用主体过往的经济行为和能力的客观评价和记录。

其次，名誉受到损害会导致当事人的社会评价降低，而信誉受损并不必然导致这一结果。这一不同在最高人民法院公报中的案例裁判摘要中说得很清楚：“中国人民银行的征信系统相对封闭，只有本人或者相关政府部门、金融机构因法定事由才能对该系统内的记录进行查询，这些记录并未在不特定的人群中进行传播，不会造成名义持卡人的社会评价降低，故不能认定存在损害名誉权的后果。”[21]

再次，名誉是不特定公众对民事主体的社会评价，缺乏可支配性与可交易性，并不直接产生财产利益，是一种消极防御性权利。而个人信用权是特定的交易对象对自然人的经济评价，这种评价如果是客观的、准确的，当事人可以积极加以利用，为自己带来金融信贷方面的财产利益。

最后，将对自然人信用权的保护纳入名誉权保护中，容易使名誉权内涵模糊化，沦为一般人格权[22]。隐私权从名誉权独立出来的过程为个人信用权从名誉权中独立出来提供了借鉴。基于隐私利益、名誉利益、信用利益的不同内涵，我们对隐私权、名誉权、信用权三种人格权应当加以区别，这符合法理和逻辑。

（二）个人信用权与个人信息权

信用信息是信用形成的基础。市场主体的信用状况可通过对其信用信息、信用记录按照一定的方法进行度量和评价而确定。个人信用权是基于信用信息而享有的评价性权利，市场主体对客观公正的信用评价享有信用利益。那么这种利益究竟是个人信用权还是个人信息权呢?

如前文所述，个人信息是与信息主体有关的各项权利的对象和载体，个人信息是权利对象而不是权利客体，个人信息上所承载或者体现的利益为相关权利的权利客体，权利客体的不同是区分不同权利的关键[6]9-10。个人信息指的是全部的个人信息，而我们所说的个人信息权是一种概括性的框架性权利，它是指对个人信息的支配和自主决定权，它是上述各项具体民事权利的先导和前提。当个人对关乎自身的信息有了控制支配和自主决定权之后，才能进一步对具体的个人信息如肖像信息、姓名信息、信用信息等享有相应的权利。

笔者认为，个人信息的范围过宽，个人信息权只是一个框架性的权利。个人信息权本质上就是个人信息自决权，与信息自决相关的是数据企业在收集个人信息时用户的知情同意权。而个人信用基于其义务属性和公共属性难以实现真正的信息自决，反而是要在一定程度上让渡个人信用信息的自决权，这不仅是市场经济的必然要求，更是当今社会的现实。个人信用利益被限定在了个人信用信息的“客观公正评价”上，而不是“信息自决”上。将个人信息作为权利对象进行重要利益提取并进行相应的权利配置是较明智可行的方法，个人信用权就是在这样的语境中提出的。

（三）个人信用权与隐私权

隐私权的内容包括维护私生活安宁、个人私密不被公开、个人私生活自主决定等。隐私权是一种典型的精神性人格权。对个人敏感信息的保护体现了隐私权保护自然人人格尊严的特点。

信用是市场经济的一种特殊存在，信用信息的内容如身份证信息、信贷信息等体现了公开性的特点。基于交易安全的需要，负面的信用信息（例如未能及时还款、拒不履行生效判决裁定等）也会被披露。从进行经济交往和维护交易安全的角度来看，负面信用信息的披露是个人隐私利益对公共利益的让渡，不是对自然人隐私的侵犯。除了法律法规从保护个人隐私角度出发规定不得采集的个人信息以外，如果法律允许收集的负面信息真实、客观，也不涉及对自然人信用利益的损害。

“隐私”更强调个人生活的安宁，其所涵盖的客体包括了私密的信息、活动和空间。《民法典》在对个人信息和隐私做出定义的基础上，也意识到二者存在重合的部分，因此在《民法典》第一千零三十四条第三款还制定了对个人信息与隐私保护的衔接规则，明确提出：个人信息中的私密信息，适用有关隐私权的规定；没有规定的，则适用有关个人信息保护的规定。不过这一解决思路本质上仍然依赖于对二者范围，特别是对隐私范围的有效识别和界定。

综上所述，个人信息包括个人信用信息和隐私信息，个人信用信息还涉及隐私信息，因此在权利对象上，个人信用权、个人信息权与隐私权是会有重合的，需要通过甄别出不同的权利客体即权利所保护的法益来区别上述三种权利。

四、个人信用权的保护

（一）个人信用权的保护现状

2005年，中国人民银行颁布了《个人信用信息基础数据库暂行办法》。该办法对个人信用信息保护做了基本规定，涉及个人信用数据的报送、管理、查询、异议等事项。2013年颁布实施的《征信业管理条例》首次对个人征信信息相关权利进行了关注，例如禁止采集隐私信息、不良信息应提前告知、个人有异议和投诉的权利等。上述法规详细规定了行政处罚责任，但对于民事责任没有规定。个人信用权受到侵害的民事责任还是应当交由民法侵权责任法来解决。2021年1月1日起施行的《民法典》在“第四编　人格权”中对信用做出规定。例如，在第一千零二十四条第二款中将信用评价纳入到了名誉评价之中，在一千零二十九条和一千零三十条中规定了民事主体的信用查询权、异议权以及更正删除权，并规定了信用主体与征信机构的关系适用个人信息保护的相关法律规定。

从上述法律法规的变迁能够看出，个人信用利益的法律保护层级从部门规章上升到行政法规再到基本法律，其重要性程度日益凸显。正如前文论述，用名誉权来保护信用利益，一方面，难以突破一个硬伤，即侵权责任构成要件中必须具备“向不特定人公开”这一要素，而个人信用报告本身具有一定的封闭性，其他机构查询必须有法定事由并经被查询人本人书面授权；另一方面，存在财产性利益保护不足的问题，通常认为只有在人格标识被商业化利用之后才可能造成财产损失，由于信用权益受损导致的财产损失赔偿不足一直是该类案件普遍存在的问题[11]。

个人信用权中的财产利益与人格商品化权中的财产利益明显不同，个人信用权包含的财产价值只限于信用主体自身的积极利用，不能转让给他人使用。人格商品化权是一种独立的财产权，是一种以人格符号为客体的区别于现有的物权或知识产权体系的特殊的财产权。人格商品化权在美国称为“公开权”。在我国，目前学界有“人格权商品化”与“人格商品化权”（或“人格标识商品化权”）之争，笔者赞同后一种说法。人格权不能商品化，人格权为固有权、专属权，与权利主体不可分离。人格标识可以商品化，这是因为人格标识具有“商品化”的客体，包括姓名、肖像、艺术形象、声音、举止动作等[23]。人格商品化权既可以许可他人使用也可以让与，彰显的是人格权中的经济利益，强调的是权利人对其人格权中经济价值的积极支配：权利人既可以自己利用其人格标识获得商业利益，也可以许可他人使用或者进行转让，从而收取许可费或转让费。侵害个人信用权，损害的是人格自由与相应的财产权益，该财产权益包括因为个人信用权益受损造成的直接经济损失和期待利益损失。其中，直接损失包括交通费、鉴定费、误工费、公证邮寄费等，这部分损失诉请要想得到支持，需要提供充分的证据以证明该损失与信用利益受损有直接的关系；期待利益损失目前在司法实践中难以得到支持[11]。

对于征信机构和信用信息提供者（银行等金融机构）的责任，《民法典》第一千零二十九条仅提出采取更正、删除措施，没有对经济赔偿做出规定。征信机构和金融机构作为专业机构，理应承担更严格谨慎的注意义务，保护信用主体的信用信息真实、准确。如果对信用主体的信用评价有错误但没有造成财产损失，只采取更正、删除措施即可；如果因为过失造成权利人财产损失，应当承担损害赔偿责任。

（二）如何保护个人信用权

侵害个人信用权的行为主体包括冒用他人姓名的自然人、信用信息提供者、征信机构（信用评级机构）等。侵害个人信用权的行为主要有：对信用记录的伪造或不当记载、不当的信用评级、假冒他人损害他人信用、拒绝更正不当的信用信息等。而加害人主观上可能是故意，也可能是过失。

侵害他人信用权造成的精神利益的损害是否适用精神损害赔偿呢？笔者认为，信用利益受损是对人格自由的限制，会对信用主体造成精神痛苦，但还达不到“严重”精神损害的程度，因此给予精神损害赔偿缺乏法理依据。而以往司法实践中支持精神损害赔偿的案例，主要是由于信用权被侵害后对当事人财产利益保护不足而另辟蹊径加以补偿。

在《民法典》已有规定的前提下，要关注个人信用权的内容和保护方式与其他人格权的不同之处，需要通过司法解释加强对个人信用权中财产权益的保护。《民法典》增加了“人格权”编，这使我国的人格权体系显得更加完善。例如，面对人格标识商业化利用的问题，目前我国的做法是扩张人格权的内涵，使其包含财产价值。个人信用权的保护也可以参照人格标识商品化权的保护模式，在将个人信用权确定为人格权的前提下，通过司法解释增加对侵害个人信用权造成的财产损失赔偿的规定，直接损失的赔偿应当不是难题，间接损失中可期待利益的赔偿需要明确标准，如利差损失等。又如，由于信用信息错误，个人不能及时获得贷款，致使个人因原先准备购买的房屋价格上涨而遭受利益损失，如果当事人能够证明是属于信用权被侵害后的财产损失，就应当得到赔偿。如果仅要求侵权主体更正、删除不良信用信息，信息主体的经济损失难以获得补偿，这对于全面保护当事人的信用权益是非常不利的。

五、结语

《民法典》的规定关注了信用权益的保护问题，但可惜立法仍然没能摆脱传统人格权的窠臼，忽略了个人信用权与名誉权的极大不同，忽略了信用权的财产属性，将信用利益的保护纳入名誉权之中。

从社会实践来看，随着金融机构业务的不断发展以及我国征信体系的不断完善，人们对个人信用的重视程度将会逐步提高，授信主体和信用类金融产品日益多元化，个人信用的应用场景将会不断拓宽，人们对于信用的需求将会越来越丰富化，信用数据产业大有可为①。征信机构对于个人信用的评价具有专业性和行业性的特点，其独立、专业的信用评价机制已经能够代表社会对信用主体的信用水平进行裁判。确认个人信用权，规范和完备信用数据处理机构的义务，将有利于促进我国建立更为统一和完善的征信大数据体系，有助于促进我国市场经济的进步。

参　考　文　献

[1] 王泽鉴．人格权法：法释义学、比较法、案例研究［M］．北京：北京大学出版社，2013：165-176.

[2] 王利明．人格权法研究［M］．3版．北京：中国人民大学出版社，2018：522-524.

[3] 杨立新，尹艳．论信用权及其损害的民法救济［J］．法律科学，1995（4）：48-54.

[4] 胡大武．信用权含义的诠释：从比较法和历史演进的角度［J］．贵州师范大学学报（社会科学版），2008（4）：7-13.

[5] 吴汉东．论信用权［J］．法学，2001（1）：43-44.

[6] 程合红．商事人格权论：人格权的经济利益内涵及其实现与保护［M］．北京：中国人民大学出版社，2002：97.

[7] 张新宝．我国人格权立法：体系、边界和保护［J］．法商研究，2012（1）：3-9.

[8] 周云涛．信用权之反思与重构［J］．北方法学，2010（6）：54-62.

[9] 任江．"骗贷逾期未还"纠纷案中的姓名权私法功能与启示：对新型人格权"信用权"的一点质疑［J］．苏州大学学报（哲学社会科学版），2015（6）：113-123.

① 2018年3月我国第一家获得个人征信业务经营许可的公司——百行征信有限公司在深圳成立，注册资本10亿元。百行征信有限公司的成立，意味着我国征信和社会信用体系建设领域"政府＋市场"双轨制模式的建立，将会对市场经济产生重要影响。

[10] 吴玉阁．反思“信用权”：以完善我国信用征信体系为背景 [J]．经济经纬，2006 (6)：153-156.

[11] 张继红．个人信用权益保护的司法困境及其解决之道：以个人信用权益纠纷的司法案例（2009—2017）为研究对象 [J]．法学论坛，2018 (3)：138-148.

[12] 王若磊．信用、法治与现代经济增长的制度基础 [J]．中国法学，2019 (2)：73-89.

[13] 韩家平．关于我国社会信用体系建设的再认识 [J]．征信，2016 (11)：1-4.

[14] 韩家平．关于加快社会信用立法的思考与建议 [J]．征信，2019 (5)：1-6.

[15] 张晓冉．国内个人声誉机制的规范研究：以信誉和声誉的区别为切入点 [J]．征信，2019 (11)：32-37，87.

[16] 胡大武，杜军，等．征信法律制度研究 [M]．北京：法律出版社，2012：135.

[17] 刘俊海．信用责任：正在生长中的第四大法律责任 [J]．法学论坛，2019 (6)：5-17.

[18] 刘德良．民法学上权利客体与权利对象的区分及其意义 [J]．暨南学报（哲学社会科学版），2014 (9)：1-13.

[19] 翟相娟．个人征信法律关系研究 [M]．上海：上海三联书店，2018：78-88.

[20] 张红．民法典之名誉权立法论 [J]．东方法学，2020 (1)：68-82.

[21] 周雅芳诉中国银行股份有限公司上海市分行名誉权纠纷案 [J/OL]．最高人民法院公报，2012 (9)：34-37 [2012-09-12]．http：//gongbao.court.gov.cn/Details/43bf538f679e49f2123fe32be499ad.html? sw=.

[22] 孟强．论作为一般人格权的名誉权：从司法案例的视角 [J]．暨南学报（哲学社会科版），2012 (4)：46-54.

[23] 温世扬．人格权“支配”属性辨析 [J]．法学，2013 (5)：91-92.

乌海市非物质文化遗产保护探究

白宜凡　阿茹罕

一、引言

《中华人民共和国非物质文化遗产法》（以下简称《非物质文化遗产法》）中规定：非物质文化遗产是指各族人民世代相传并视为其文化遗产组成部分的各种传统文化表现形式，以及与传统文化表现形式相关的实物和场所。我国拥有丰富且广泛的非物质文化遗产（以下简称“非遗”），它们是历史遗留给我们的宝贵财富，保护非遗是全社会共同的责任。由于政府有着文化保护的职能，并且能够为保护非遗设立专门机构、投入财政资金、制定相关政策等，因此在保护非遗的过程中必须依靠政府发挥主导作用。

乌海市是内蒙古西部的一座新兴工业城市，有着较为丰富的传统文化积淀。近年来，乌海市致力于保护优秀文化遗产，对非遗项目进行了全面的挖掘、整理与宣传，取得了较大的成就，但也面临一定的困境。笔者希望充分发挥各方作用，促进其非遗保护工作更上一层楼。

二、乌海市非物质文化遗产项目简介

截至 2020 年，乌海市非遗保护项目共有 10 项，其中 7 项被列入自治区级非遗保护名录；有非遗项目代表性传承人 14 人，其中 7 人为自治区级非遗项目代表性传承人。例如，烫画于 2013 年列入第四批自治区级非遗保护名录，其传承人卢云山于 2014 年被列为自治区级非遗项目代表性传承人；挂毯织造于 2013 年列入第四批自治区级非遗保护名录，其传承人王中耀和王拖小分别于 2014 年和 2019 年被列为自治区级非遗项目代表性传承人；唐卡装裱于 2013 年列入第四批自治区级非遗保护名录，其传承人许会英于 2014 年被列为自治区级非遗项目代表性传承人；蒙医沙疗于 2015 年列入第五批自治区级非遗保护名录，其传承人敖日布和巴图分别于 2016 年和 2019 年被列为自治区级非遗项目代表性传承人；三才翻子拳于 2015 年被列入第五批自治区级非遗保护名录；十三太保武术内养功于 2017 年被列入第六批自治区级非遗保护名录，其传承人李书信于 2019 年被列入自治区级非遗项目代表性传承人；太极书法于 2017 年被列入第六批自治区级非遗保护名录。除此之外，乌海面塑、乌海二人台、传统武术燕青拳三项在 2013 年被列入乌海市非遗保护名录。

三、乌海市非物质文化遗产保护取得的成效

党的十八大以来，乌海市对非遗的保护与传承驶入“快车道”，截至 2020 年已取得了一定的成效，具体表现在以下几方面：

（一）非物质文化遗产名录体系的建设力度不断加强

乌海市于 2011 年正式开启非遗保护工作，截至 2020 年，全市共有 10 个项目列入非遗保护名录。近两年，乌海市的文化部门不断加大力度建设非遗名录体系，并拓展其发展空间：2019 年，蒙医沙疗被申报国家级非遗保护名录；2020 年，海南区将剪纸、沙画列入海南区级非遗项目保护名录，乌达区对程派八卦掌、传拓技艺等项目开展申报工作，海勃湾区对插花技艺、蒙古族刺绣技艺等项目开展申报工作，乌海市群艺馆还对传统饮食开展申报工作。

（二）经费保障逐步强化

多年来，乌海市对全市非遗项目在资金上给予了优惠和扶持，经费保障力度逐步加大。2012 年，投入 30 万元对烫画进行生产性保护；2014 年，对烫画、挂毯织造、唐卡装裱各奖励 1 万元进行生产性保护；乌海市财政在 2015 年和 2016 年各安排非遗项目专项经费 25 万元；2015 年以来，内蒙古自治区文化和旅游厅为乌海市开展非遗保护与传承提供经费 50 万元；2019 年，为开展烫画和书法培训，给非遗传承人提供研究及培训经费 10 万元。

（三）非物质文化遗产文化活动广泛开展，营造浓厚保护氛围

近年来，乌海市为营造非遗保护良好的社会氛围，积极开展有关非遗的系列文化活动。2019 年 2 月，海南区文化馆组织了一批文化志愿者到社区、养老院等地开展非遗的宣传工作，宣传、解释蒙藏医学等知识达 300 多人次，还发放了非遗保护宣传资料 500 多份；2020 年 6 月 13 日，乌海市采用线上、线下相结合的方式开展了“文化和自然遗产日”主题宣传展示系列活动，对 30 多个非遗项目及其传统手工艺品进行宣传与展示，还有工作人员向市民宣传非遗保护的相关知识和法律法规，营造了全社会共同保护与传承非遗的浓厚氛围。

四、乌海市非物质文化遗产保护面临的困境

乌海市多年来在保护与传承非遗的过程中虽然取得了一定的成就，但仍面临着一些实际困难，需要长远规划。具体而言，困难有以下几个方面：

（一）非物质文化遗产保护制度仍需完善

制度是推动非遗保护和传承的前提。2011 年 2 月 25 日第十一届全国人民代表大会常务委员会第十九次会议审议通过的《非物质文化遗产法》是我国非遗保护立法工作取得的重大成就，但是这部法律并未对非遗的权属问题进行明确的说明，而且它主要规范的是各级行政部门的行为，属于行政法，然而当前非遗保护实践不断向社会、经济领域发展，已超越了该部法律所能涵盖的范围。内蒙古自治区于 2017 年 5 月审议通过了《内蒙古自治区非物质文化遗产保护条例》，为全区开展非遗保护与传承工作提供了有力的法律支撑，然而该条例颁布的时间较晚，它实施的效力还未完全体现。乌海市由于 2015 年底才获批地方立法权，因而其制定的一些制度的法律效力和法律层级都不高，且多集中于非遗的发展规划方面，针对非遗保护工作的具体内容和措施、相关管理部门的保护职责、非遗传承人才培养、非遗的权属问题、非遗保护专项资金、代表性传承人的专项补助经费、社会力量参与保护等都没有明确的法律规定，导致相关工作人员在非遗保护工作中无法有效地开展具体工作。此外，乌海市还缺乏有效的损害救济制度，当非遗传承人的合法权利受到损害时，对于如何及时进行补救、如何追究侵害者责任等都没有具体的制度规定。

（二）对非物质文化遗产传承人的保护力度有待加强

当前乌海市对于非遗传承人的保护力度与社会的快速发展不相吻合。一方面，非遗传承人的补助经费较低。乌海市群艺馆在 2015 年和 2016 年共发放传习补贴 6 万元；2018 年，为 14 名市级代表性传承人共发放传习补贴 4.6 万元；2019 年，为自治区级传承人每人发放传习补贴 5 000 元，为市级传承人每人发放传习补贴 3 000 元。整体来看，平均每人每年获得的非遗传习补贴不足 5 000 元，这对既要开展传承活动又要挖掘和培养徒弟的传承人来说，并不能获得良好的保障。一些专职从事非遗项目且经济状况不好的传承人面对巨大的经济压力，难以专心开展非遗传承，尤其是一些生活窘迫的老艺人无法带徒授艺，一些非遗项目的展示展演和传习活动因为缺乏资金的保障而无法经常性开展，危及非遗的传承。另一方面，传承人老龄化、学徒难寻、传承乏力

的问题比较突出。在目前乌海市自治区级代表性传承人中，最年轻的也50多岁，烫画的传承人卢云山已是一位七旬老人，十三太保武术内养功的传承人李书信已80岁高龄。由于非遗技艺是需要从小开始学习并需要花费多年的时间磨炼，而非遗传承人的社会地位和经济收入并不高，现在年轻人也缺乏对传统文化的认同与了解，因而很多年轻人不愿意进入这个行业，导致非遗人才出现了断层和青黄不接的现象。此外，该市不少非遗项目属于技艺类，需要依靠口授和反复练习进行传承，然而年轻学徒难寻，导致老年传承人“人亡艺绝”的现象出现，一些非遗技艺因传承乏力而面临消亡。

（三）政府对非物质文化遗产的宣传和推广力度有待提升

对非遗进行宣传和推广，是保护非遗的重要方式，政府在其中起着关键性的作用，通过行政行为支持和保障非遗宣传、推广活动的实现。当前，乌海市的文化主管部门对于非遗保护的宣传力度仍然不足，该市不少民众对当地的非遗项目不太了解。例如，蒙医沙疗的传承人曾在接受采访时表示，将蒙医沙疗运用于临床后确实存在推广较困难的问题，虽然沙疗存在的时间很长，但是知道的人依然很少，而且虽然不少人都曾体验过它的疗效，但是并不知晓该项疗法属于非遗项目。不少民众对于该市举办的非遗展演、宣传活动都只是当作休闲娱乐，泛泛欣赏一下，缺乏主动保护的意识，此外，非遗产品的销售渠道较为单一，缺少相应的推广平台。同时，不少非遗项目还不能与时俱进，不能主动适应年轻化的市场，无法充分得到社会大众的关注和喜爱。

五、推动乌海市非物质文化遗产保护的路径

针对当前乌海市在非遗保护与传承方面面临的一些困境，该市应积极采取切实可行的措施，以进一步推动当地非遗项目的传承和发展。具体而言，可以从以下几方面着手：

（一）制定相关地方性法规，提供法律保障

非遗项目具有地域性，只有结合当地特色制定非遗地方性法规，才能为保护非遗提供良好的制度环境，并因地制宜地将其传承和发扬。而且，乌海市已于2015年底获得了地方立法权，因此，该市应结合当地特色并突出工作的实际要求，根据《非物质文化遗产法》和《内蒙古自治区非物质文化遗产保护条例》等法律、法规，加快出台“乌海市非物质文化遗产保护办法”，该办法应制定关于代表性项目名录的申请、代表性传承人的权利与义务，以及非遗项目的认定、管理与利用，损害非遗项目的法律责任等条款，并对非遗保护工作的

具体内容和措施、相关管理部门的保护职责、专项保护资金、非遗的权属问题、社会力量如何参与保护等做出明确的规定，重点加强对非遗传承人的保护，不仅要通过法律的形式为传承人提供培训、学习的机会和补助经费方面的保障，还要制定完备的损害救济制度来保护传承人的合法权益，对于非遗传承人的合法权利受到损害时如何及时进行补救以及如何追究侵害者的责任等方面都出台相关的法律规定。此外，要将各项规定细化，而且操作性也要提高，做到切实可行，这样才能使各级部门在开展非遗保护与传承工作中有法可依。

（二）加强对传承人的保护力度

保护和传承好非物质文化遗产，关键在于保护传承人，因而乌海市应加强对非遗传承人的保护力度。

1. 保障传承人补助经费

该市应将非遗传承人补助经费纳入市级、区级年度财政预算，积极向上级争取资金，将补助的范围扩大到每名代表性传承人，并随着财政收入的增加逐步提高补助经费金额，为生活艰难的传承人发放生活补贴和困难补助，对自愿学习并致力于非遗传承的人员给予物质奖励，同时，还应拓宽补助经费的筹资渠道，通过向公众出售非遗产品、众筹、与企业和公益组织合作等方式筹措经费，保证各项资金能够及时、完整到位。

2. 推进非遗与学校教育深度融合

当地政府应鼓励和支持中小学大力普及非遗教育，由非遗传承人或专职教师开展非遗教学活动。同时，也要在高校和职业院校设置非遗专业课程，培养非遗专业型人才。还应鼓励各所学校组建非遗社团并定期开展相关活动，发挥校园传承与弘扬非遗的主阵地作用。

3. 大力举办非遗传承人培训班

根据非遗传承人的技艺特点和培训需求等有针对性地开展培训课程，重点加强关于非遗保护的政策理论、文化内涵、传授技巧等方面的培训，为传承人展开非遗传承提供新的理念和新的思路，并引导他们树立现代意识和责任意识。同时，开展传承人之间的学习和交流活动，从而提高传承人的传承实践能力。

4. 提升非遗传承人的社会地位和荣誉感

该市各级政府应进一步加强有关非遗政策的宣传，加快对各级非遗项目代表性传承人的认定和命名，大力表彰和奖励对非遗保护与传承有突出贡献的个人和团体。也可与高校展开合作，由高校聘请非遗传承人作为教授，从而提升社会对非遗传承人的价值认知与认可，切实提升非遗从业者的社会地位，进而吸引大量的年轻人投身于非遗传承事业。

（三）进一步加大政府宣传和推广力度

乌海市相关文化部门应加大对非遗的宣传和推广力度，这是该市发展非遗项目的必然要求。

1. 各级政府应推进非遗项目与当地旅游业融合发展

可在传统节日以及各类文化节、艺术节期间在乌海湖国家水利风景区、甘德尔生态文明景区等主要景区举办非遗宣传展示系列活动，可将每年举办的“文化和自然遗产日”活动在各景区设立不同主题的分会场，也可在部分热门景点常态化举办非遗专场活动，打造以展示非遗为主题的旅游专线。此外，根据景区的特点，将非遗融入景区的规划和开发中，在景区内设立非遗传习中心、非遗场馆，举办现场讲解、展演，这样不仅可为景区增添浓厚的文化气息，还可广泛传播非遗项目。

2. 积极开拓“互联网＋”新渠道

该市相关文化主管部门应积极与电商平台合作，创新销售模式，可在文化和自然遗产日、“双十一”购物节等开展“非遗购物节”活动，利用网络平台集中展示并销售非遗产品，通过直播带货、线上展示制作技艺、讲解非遗故事等方式，将该市的非遗技艺、产品大力推广出去，这样不仅可拓宽非遗产品的销售渠道，还使得传统非遗文化与现代生活相融合，充分利用现代科学技术让更多人关注并消费非遗产品，在非遗产品的购物体验中增强保护意识并共同参与非遗传承。

3. 相关文化主管部门应有意识地引导非遗传承人打造非遗产品品牌

非遗传承人应积极面向年轻化的市场开发非遗产品，在坚守品质、注重手工技艺的同时融入一些现代元素，与现代审美、现代时尚和现代生活相结合。相关部门还应积极引导非遗传承人注重自己研发产品的专利申请和商标注册等，加强对非遗项目的知识产权保护。

农村牧区小学布局调整后小学生的社会支持体系评价

——基于内蒙古赤峰市巴林左旗蒙古族小学的调查

乌云高娃　白音巴图

社会支持的概念首先出现在20世纪70年代社会病原学的研究中[1]。其后社会支持的研究在心理学、教育学、社会学等学科中广泛开展起来。贺寨平（2001）认为，社会网络是一定范围的个人之间相对稳定的社会关系，个人的社会支持网就是指个人能借以获得各种资源支持（如金钱、情感、友谊等）的社会网络[2]。实质上，社会支持网是个体所拥有的一种社会资源，这种资源可以为他提供帮助和支持，帮助他解决所面临的各种困难，并缓解其身心压力。本文在对内蒙古赤峰市巴林左旗林东蒙古族小学、白音诺尔镇蒙古族寄宿制学校、查干哈达苏木蒙古族寄宿制学校、乌兰达坝苏木蒙古族寄宿制学校4所蒙古族小学进行调查的基础上，运用社会支持网的相关理论对农村牧区小学布局调整（以下简称小学布局调整）后小学生的社会支持网进行分析，试图为改善小学生的社会支持体系提供一定的理论参考。

一、研究小学布局调整后小学生社会支持网的意义

2001年颁布的《国务院关于基础教育改革与发展的决定》对小学布局调整工作做出部署，新一轮农村牧区小学布局调整工作在全国范围内有目的、有计划、有步骤地广泛开展起来。小学布局的调整对教育资源的优化组合、教师素质及教学质量的提高等确实起到了重要的作用，但同时引发了小学生上学难、上学贵等一系列的社会经济问题，引起了人们广泛的关注。小学阶段个体处于幼稚期，虽然在生理、情感认知、心理等方面都处于快速发展的阶段，但在生理和心理上都还不成熟，缺乏独立思考和判断能力，在生活中需要家庭、学校、社会等社会支持网更多的支持和保护。尤其是小学布局调整后，社会关系网络和学习生活环境的变化必然给小学生身心带来巨大的压力和挑战，能否得到社会支持系统的支持将对小学生的身心健康成长产生重要的影响。社会学

及心理学、医学等学科的研究证明，良好的社会支持网有益于减缓生活压力，有益于身心健康和个人幸福。社会支持网的缺乏会导致个人的身心疾病，使个人日常生活的维持出现困难。在社会层面上，社会支持网作为社会保障体系的有益补充，有助于减少个人对社会的不满，缓和个人与社会的冲突，从而有利于社会的稳定[3]。因此，研究小学布局调整后小学生的社会支持网的构成、特点、作用等具有特殊的现实意义。

尽管20世纪90年代以来，学界从不同的学科视角出发关注弱势群体的社会支持状况，取得了丰富的研究成果，但这些研究主要集中于老年人、妇女、大学生、农民工、农村和城市困难群体等。其中有代表性的有阮丹青等(1990)[4]、张文宏等（1999）[5]关于城乡居民社会支持网的研究，洪小良(2008)[6]、贺寨平等（2009）[7]关于城市困难群体社会支持网的研究，贺寨平(2002)[8]、张友琴（2001）[9]关于老年人社会支持网的研究，景晓芬(2011)[10]、阮曾媛琪（2002）[11]关于妇女社会支持网的研究等。总体上看，学界对社会支持的研究主要是围绕社会支持网的网络规模、网络关系构成、网络关系强度、网络趋同性和网络异质性方面的内容展开的。其中，从个体网络的视角研究的成果较多，从整体网络的视角研究的成果较少；研究方法主要以定量研究、实证研究为主，而定性研究、理论研究相对较少。但相对于老年人、大学生、农民工、困难群体的社会支持研究而言，对儿童的社会支持的研究还比较薄弱。国外从20世纪70年代末开始对儿童社会支持系统进行专门的研究，已从某些角度揭示了儿童社会支持系统的结构、功能、年龄发展特征以及部分影响因素[12]。国内有关儿童社会支持的研究主要集中在留守儿童、流动儿童的社会支持方面，如赵笑梅等（2010）[13]、殷世东等（2006）[14]有关留守儿童、流动儿童的社会支持的研究，尚未见到小学布局调整之后小学生的社会支持方面的研究成果。从目前搜集的资料看，国内对这一问题的研究主要集中在两个方面：一方面是总体性研究，如马佳宏等（2011）[15]、郭清扬(2007)[16]、范先佐（2006）[17]等围绕本轮中小学布局调整的动因、成效、存在问题、基本对策等方面进行的整体性研究；另一方面是围绕小学布局调整的某一方面问题展开的论述，如东梅等（2008）[18]、张晓霞等（2005）[19]、艾文珍（2010）[20]结合教育成本、规模效益、学生成绩等方面的问题对小学布局调整的利弊进行的探讨。总体上看，目前的研究中还缺少从公众视角出发、在个案研究和实地调查中注重数据证实的研究成果，且研究缺乏相应的理论支撑，研究不够深入，因此迫切需要加强这方面的研究。笔者认为，运用社会支持网的理论对小学布局调整后小学生的社会支持体系进行研究，对于丰富和发展儿童社会支持的基本理论，构建完善的小学生社会支持体系，发现、解决和预防小学生可能出现的各种身心健康方面的问题，促进其身心健康发展，并帮助他们更好地适应社会具有重要的理论和实践意义。

二、农村牧区小学布局调整后小学生的社会支持网关系构成

学界根据不同的标准将社会支持划分为不同的类型。例如，韦尔曼（B. Wellman）运用因子分析方法，将社会支持分为感情支持、小宗服务、大宗服务、经济支持、陪伴支持等五项；科恩（S. Cohen）等人则将社会支持分为归属性支持、满足自尊的支持、物质性支持和赞成性支持四种[2]。在本文中笔者根据调查结果，将农村牧区小学布局调整后小学生的社会支持按照其支持来源分为家庭支持、政府支持、学校支持、托管家庭支持等四大类。

其中，基于血缘关系的家庭支持网是小学布局调整后小学生社会支持的主要来源。在这里，家庭支持网主要由孩子的父亲、母亲、爷爷、奶奶和其他亲属成员组成。家庭支持网提供给小学生的不仅是经济支持和劳动支持，还有重要的情感方面的支持。但是小学布局调整后，由于父母忙于生计而不能陪读，亲子分离，造成父母对小学生提供的各种支持中物质支持所占比重不断提高而情感支持所占比重逐渐下降。当父母忙于赚钱养家而无法陪读时，老人成为小学生社会支持网的一部分，承担起了照顾孩子生活和学习的重要角色。此外，还有一小部分学生寄宿于亲戚家或由亲戚陪读，由亲戚照顾其日常的生活起居，确保其学习、生活的顺利展开。虽然老人和亲戚向儿童提供了必要的经济支持、劳动支持和情感支持，但其情感支持无法替代来自父母的情感支持。在被调查的 1 060 名学生中，有 216 名学生是由父母、老人或亲戚陪读的，其中由老人陪读的学生所占比例最高，其次是由父母陪读的学生，寄宿于亲戚家或由亲戚陪读的学生所占比例最低，且由家人陪读的现象主要出现在低年级学生群体中（表 1）。

非亲属关系在小学布局调整后小学生的社会支持网中也扮演着重要的角色。小学布局调整后，一些家庭考虑到孩子年龄太小，并且由于各种原因不能由父母或老人陪读的实际情况，选择了托管家庭帮助其照顾孩子的生活和学习，并支付一定的服务费用。选择寄宿于托管家庭的主要是就读于巴林左旗林东蒙古族小学的学生群体，而在其他三个乡镇（苏木）小学就读的学生中基本上不存在这种现象。调研中笔者发现，就读于林东蒙古族小学的 308 名学生中，有 105 名学生选择了寄宿于托管家庭（表 1），可见其在小学布局调整后小学生社会支持网中的重要作用。另外，政府和学校等正式的支持网络在小学生的社会支持网中也具有非常重要的作用。学校是仅次于家庭的儿童接受知识和技能、实现社会化的重要场所。尤其是小学布局调整后，小学生的生活越来

越以学校为中心，他们的生活和学习等各项活动基本上都在校园里展开，这样学校不仅承担了向小学生传授知识和技能的角色，而且也承担了照顾孩子生活起居及情感等重要的角色。通过调查笔者发现，除了巴林左旗林东蒙古族小学因学校空间有限而没能向小学生提供宿舍外，其他学校均有宿舍。在被调查的1 060名学生中，544名学生选择了在学校住宿（表1）。另外，政府也是小学生社会支持网中不可缺少的部分，政府主要向小学生提供各项政策及资金方面的支持，但其支持力度不足，从而也影响了小学布局调整的效果。

表1　小学布局调整后学前班至六年级学生住宿情况调查一览

单位：人

调查对象所在年级	在校生人数																			
	合计				在校住宿生				家长租房陪读的学生				寄宿于托管家庭的学生				走读生			
	巴	白	查	乌	巴	白	查	乌	巴	白	查	乌	巴	白	查	乌	巴	白	查	乌
学前小班	30	17	19	19	0	0	0	0	14	10	10	10	7	0	0	0	9	7	9	9
学前大班	35	21	18	17	0	0	0	0	18	13	8	7	8	0	0	0	9	8	10	10
一年级	35	13	26	42	0	7	20	28	14	3	4	5	6	0	0	0	15	3	2	9
二年级	32	38	38	45	0	28	30	33	16	9	3	6	7	0	0	0	9	1	5	6
三年级	40	32	39	39	0	29	35	31	16	2	2	2	16	0	0	0	8	1	2	6
四年级	48	29	35	44	0	27	35	39	13	1	0	2	25	0	0	0	10	1	0	3
五年级	48	36	36	36	0	32	35	31	17	2	0	1	19	0	0	0	12	2	1	4
六年级	40	31	54	28	0	30	52	22	8	0	0	0	17	0	0	0	15	1	2	6
总计	308	217	265	270	0	153	207	184	116	40	27	33	105	0	0	0	87	24	31	53

注："巴"为巴林左旗林东蒙古族小学，"白"为白音诺尔镇蒙古族寄宿制学校，"查"为查干哈达苏木蒙古族寄宿制学校，"乌"为乌兰达坝苏木蒙古族寄宿制学校。

三、农村牧区小学布局调整后小学生的社会支持情况评价

经过小学布局调整后一段时间的摸索，小学生的社会支持网已基本成型，但无论是家庭支持网、政府支持网、学校支持网还是托管家庭支持网都存在一定的问题，农村牧区小学生完善的社会支持体系还未建立起来。

（一）家庭支持网面临着巨大的经济负担

在小学生正式和非正式的社会支持系统中，家庭支持网具有举足轻重的作

用。基于血缘关系的家庭支持网为小学生提供经济、劳动、情感等方面的支持，但同时家庭支持网也面临着巨大的经济负担。首先，农牧民为上学的子女承担了高额的基本生活费用。目前，农村牧区的孩子就读小学基本上有两种选择：在乡镇（苏木）的小学就读或者在旗小学就读。在访谈中笔者了解到，大多数农牧民选择了前者。当问及理由时，有位牧民说："乡镇（苏木）的小学离家稍微近一些，更重要的是费用低。旗小学的各种费用都很高。所以只能选择乡镇（苏木）的小学。"而无论就读于什么地方，孩子住宿、吃饭问题成了农牧民面临的一大难题。在住宿方面，学生要么选择在学校住宿，要么选择在外寄宿。如果选择在学校住宿，有国家"两免一补"政策①，农牧民的负担会轻一些。但很多家长考虑到孩子太小，还是选择了在外寄宿。在外寄宿主要有两种形式：一种是父母、老人或亲戚陪读，由父母提供房租费、基本生活费等；另一种是寄宿于托管家庭，托管家庭提供洗衣、做饭及辅导课后作业等服务，由父母提供服务费。如果选择在旗里租房子有两种情况：一种是租住平房，每个月的租金 200～300 元；另一种是租住楼房，每个月的租金 800～1 000 元。假设每个月的基本生活费为 400～600 元，一学年（按 9 个月计算）下来，租住平房费用为 5 400～8 100 元，租住楼房费用为 10 800～14 400 元。如果选择在乡镇（苏木）租房子，农牧民的经济负担稍微轻一些，每个月的房租费加上基本生活费是 500～700 元，一学年 4 500～6 300 元。而寄宿于托管家庭的学生主要就读于旗里的小学，其父母每个月向托管家庭支付吃、住、服务费用 500～700 元，一学年 4 500～6 300 元。总体上看，农牧民基本上根据自己的经济状况和消费水平选择了孩子不同的就读小学的方式，但无论是哪一种方式都为大多数农牧民带来巨大的经济负担。

其次，农牧民为上学的子女承担了高额的交通费用。不管是在乡镇（苏木）小学就读，还是在旗小学就读，学生每次放假回家都产生一定的费用，其中交通费是最大的一笔，这变相增加了农牧民的经济负担。农牧民对于交通工具的选择具有多样性：在乡镇（苏木）小学就读的学生家长乘坐的主要交通工具为摩托车和租用的面包车，其中用摩托车接送的占多数；在旗小学就读的学生家长主要选择公交车和租用的面包车，其中选择公交车接送的占多数。此外，还有个别家庭用自己的私家车接送孩子上学。笔者选择了地理位置上与乡镇（苏木）小学和旗小学距离适中的白音诺尔镇赛呼都格嘎查作为出发点，分别测算了乘坐不同交通工具的大致费用，具体情况见表 2。

---

① "两免一补"政策是指国家为农村义务教育阶段（小学和初中）的困难家庭学生免费提供教科书、免除杂费，并给寄宿生补助一定生活费的一项资助政策。

表 2　乘坐不同交通工具的大致费用

出发地—目的地	距离（千米）	乘坐的交通工具（按照乘坐频率的大小排序）	一次往返的费用（元/人）	一学年（9 个月）的交通费（按每个月乘坐 3 次交通工具计算）（元/人）
赛呼都格嘎查—白音诺尔镇	25	摩托车	10	270
		租用的面包车	20	540
		私家车	50	1 350
赛呼都格嘎查—巴林左旗	60	公交车	24	648
		租用的面包车	200	5 400
		私家车	120	3 240

注：现在大多数学校两周放一次假。但访谈中笔者了解到，无论选择在乡镇（苏木）小学还是在旗小学就读，家长在接送或看望孩子的时候每个月至少乘坐 4 次交通工具，还有一部分家长每天都在乘坐交通工具接送孩子。笔者在这里是按照最低的使用频率和最低的费用来计算的。

而农牧民经济负担的提高成为学生辍学的隐性因素。在调研中很多农牧民反映，现在不管是从事牧业还是农业，成本都非常高，买草料、饲料、种子、化肥、农药及播种、浇水、收割等都需要一定费用支出，到年终的时候收入与支出基本上扯平，如果发生自然灾害则入不敷出。大多数家庭都有不同数额的债务，很多家庭为了生存只能向银行贷款或借高利贷，形成一种恶性循环。而小学布局的调整使得农牧民子女教育成本提高是不争的事实。小学布局调整后，农牧民为上学的子女解决交通和食宿问题，其负担不但没有减轻，反而加重了。当这种经济负担超过农牧民所能承担的范围时，学生辍学就不可避免。这与国家开展农村牧区中小学布局调整的总目标是不相符的。

（二）政府的制度性支持网不健全

1. 一刀切的做法引发了一系列的安全隐患问题

政府的小学布局调整工作采取了一刀切的措施，没有充分考虑民族地区的实际情况。尤其是在一些牧区，地广人稀，交通不便，很多孩子在离家五六十千米甚至更远的地方上学，容易引发小学生一系列的生理、心理问题，而且存在生命安全隐患。伴随着小学服务半径的扩大，学校离家越来越远，且学校因经费问题没有配备校车，学生家长选择了摩托车、租用的面包车、公交车、私家车等形式多样的交通工具。其中有些司机技术不过关，有的司机无照驾驶，有些车辆严重超载，给学生生命安全带来了隐患。此外，在调查中笔者也发现，无论是家长陪读、寄宿于托管家庭还是在学校住宿，学生的就餐条件、环境卫生条件等都不能满足学生需求。此外，亲子分离所导致的小学生情感缺失及心理健康方面的问题尤其值得关注。

2. 政府的各项补助水平仍然比较低，影响小学布局调整工作的实际效果

针对农村义务教育经费保障机制中各级政府责任不明确、经费供需矛盾比较突出、教育资源配置不合理、农民教育负担较重等突出问题，国务院于2006年开始实施农村义务教育经费保障机制改革，建立了中央和地方分项目、按比例分担的农村义务教育经费保障机制。调研中笔者了解到，根据内蒙古自治区2007年开始实施的《内蒙古自治区义务教育阶段中小学蒙语授课寄宿生生活补助费管理暂行办法》，全区义务教育阶段小学蒙语授课寄宿制学生生活补助费标准为：小学生每人每天补助4元，每学年补助期为9个月，补助资金专项用于寄宿生伙食费、住宿费补助。补助资金全部由自治区本级财政承担①。这对减轻农牧民的经济负担起到了一定的作用，但远不能解决物价水平上涨过快导致的农牧民教育负担过重的问题。此外，国家核拨给学校的校舍维修改造基金有限，尤其在2000年农村税费改革后，各地逐步取消农村教育附加费和教育集资，使得学校经费比较紧张。小学布局调整后，虽然学校规模扩大、人数增多，但基础设施建设没能跟上，学校校舍紧缺，很多学校出现了班级人数过多、宿舍拥挤、教师负担过重等问题。甚至有些地区出现了义务教育经费不能足额到位或挤占、挪用义务教育经费的现象，严重影响了小学布局调整的效果。

3. 政府的小学布局调整工作使学前教育进入尴尬的境地

例如，小学布局调整后，白音诺尔镇保留了哈日白其、赛呼都格、乌兰白其等八个学前教育点，但因为师资缺乏，尤其是没有配套的基础设施，致使很多幼儿不能够接受正规的学前教育。只有那些经济条件允许且家中有人分担家务的家庭，可以由家长（老人或父母）陪读，让孩子接受学前教育，且时间比较短。在白音诺尔镇蒙古族寄宿制学校接受学前教育的38个孩子中，有23个孩子是由家人（老人或父母）在镇里租房子，陪伴孩子们完成其学前教育的（表1）。从这一点，笔者也能够体会到农村牧区孩子求学的艰辛与坎坷。

（三）学校的支持网不完善

小学布局调整后，学校成为学生生活和学习的主阵地，他们的吃、住、学习、休息、娱乐等都需要学校提供完善的服务体系。但目前学校各项基础设施不完善，在学习、住宿、卫生等方面不能向学生提供完善的支持体系。例如，

① 资料来源：内蒙古自治区财政厅 教育厅关于印发《内蒙古自治区义务教育阶段中小学蒙语授课寄宿生生活补助费管理暂行办法》的通知［EB/OL］.（2007－09－10）. https：//jyt.nmg.gov.cn/zfxxgk/fdzdgknr/zdlyxx/ywjy_17635/202112/t20211215_1977640.html.

有些学校经费短缺，学生寄宿条件差，卫生设施简陋，甚至有的学校在冬天满足不了基本的供暖。此外，父母陪伴支持的缺失所导致的小学生情感缺失及心理健康问题应引起学校的高度重视。在调查中发现，除了一部分低年级的学生由家长陪读或寄宿于托管家庭外，大多数孩子基本上到了八九岁就开始在学校住宿，离开父母独立生活，这虽然能够培养学生的独立性和生存能力，但亲子分离所导致的父母教育缺失以及父母与孩子之间的情感交流弱化，很可能对小学生正常人格的形成及发展带来消极影响。虽然有些学校已经开始配备生活教师，但生活教师对低龄学生的生活管理与引导难以到位，且他们难以替代父母的角色，父母角色的缺失很容易使儿童变得胆小、孤僻、自闭等，甚至产生情感障碍或心理疾病。

（四）托管家庭的支持体系不健全

小学布局调整后，托管家庭替代家长及学校为小学生的生活和学习提供了重要的支持，在很大程度上减轻了家长及学校的压力。但是受各种主客观因素限制，托管家庭在卫生、住宿、学习等方面很难向小学生提供完善的服务。一般情况下，孩子在托管家庭住 3～6 年，可以与托管家庭形成良好的关系。但目前托管家庭接受的儿童数量有不断增长的趋势，也引发了一系列的问题。例如，在饮食起居方面，托管家庭也会考虑孩子的营养搭配，卫生等方面的问题，但一个托管家庭至少接管了五六个孩子，甚至十几个孩子，这样不可能关照到每一个孩子，且人数过多容易产生各种问题。此外，孩子长期由托管家庭照顾，缺少了与父母的沟通，容易引发各种心理问题。还有一些托管家庭不能辅导孩子完成其课后作业，导致一些孩子成绩下滑，甚至有些托管家庭管理不到位，一些孩子沉迷于网络游戏，严重影响了其正常的学习生活。

四、完善农村牧区小学布局调整后小学生社会支持网的措施

解决好农村牧区小学布局调整后的小学生上学难、上学贵问题是一个长期的、系统的工程，需要社会各方力量通力合作，形成多层次、多渠道的社会支持网，为儿童的身心健康发展提供必要的支持和帮助。

（一）重视基于血缘关系的家庭网的支持

我国自古就有“子不教，父之过”的传统，父亲、母亲身负神圣的教育责任。家庭是个体身心健康成长的重要环境，在父母的关爱中成长是孩子基本的心理需要。正如马克思和恩格斯指出的那样：“孩子的发展能力取决于父母的

发展。”[21]因此，以父母为主体的家庭网成员要承担起自己的责任，在努力提高家庭生活水平，为孩子正常的学习生活提供必要的经济基础的同时，更要关注孩子的生理和心理发展状态，要多跟孩子沟通，给孩子更多的情感和心灵支持，正确引导其身心健康成长。同时，小学生家长要经常性地与学校任课教师、班主任联系，加强沟通，共同商讨教育孩子的策略和方法，避免儿童在家庭教育方面出现盲区。

（二）完善政府的制度性支持网

首先，小学布局调整应因地制宜，不搞一刀切。政府在开展小学布局调整工作时要认真落实《国务院关于基础教育改革与发展的决定》中小学就近入学、初中相对集中、优化教育资源配置的要求，因地制宜，合理规划和调整学校布局，不搞一刀切。尤其要考虑牧区人口稀少、分布广等特殊性，适当调整服务半径，除了在旗政府和乡镇（苏木）政府所在地分别设小学点外，在一些距离旗小学和乡镇（苏木）小学较远的自然村开设归属乡镇（苏木）小学管理的若干教学点，确保一年级至三年级的低龄孩子能够就近入学，避免因小学布局调整而发生农村牧区小学生失学和辍学现象。

其次，政府要加大教育经费投入。为了让农村牧区的孩子享受到跟城市孩子一样的义务教育，实现教育公平，各级政府要重视农村牧区义务教育，认真落实农村牧区义务教育经费保障新机制，加大农村义务教育的投入，加强小学基础设施建设，增加学生宿舍面积，消除危房并大幅降低土木结构校舍比例，改善学生吃、住、行、学等方面的基础设施条件。同时，提高政府“两免一补”政策的补助标准，减轻农牧民的经济负担。尤其要加大对困难家庭学生的扶持力度，解决其后顾之忧，让他们安心学习，确保他们能够跟其他孩子一样接受国家规定的义务教育。

最后，加大政府各部门的协同管理力度，排除各种安全隐患。政府要建立健全各项安全管理制度和事故责任追究制度，并组织教育、公安、卫生、消防等部门对学校的房屋、食堂、宿舍及接受学生住宿的托管家庭、家长租住的房屋、接送学生车辆等涉及小学生安全的事项进行定期检查，尽可能消除各种隐患，为小学生提供安全、舒适的生活和学习环境。同时，要加强安全管理教育，组织教育部门对学校、家长、托管家庭及学生进行安全教育。

（三）加强学校支持网的建设

首先，加大物质支持力度。学校的基础设施建设事关农村牧区小学布局调整工作的成败，因此，教育部门及学校要认真落实《国家中长期教育改革和发展规划纲要（2010—2020年）》中推进义务教育均衡发展的相关要求，加大投入力度，推进义务教育标准化建设，制订并实施校舍安全工程相关方案，并合理配置教师、设备、图书、校舍等资源。同时，要认真落实《教育部　卫生部关于印发〈农村寄宿制学校生活卫生设施建设与管理规范〉的通知》（教体艺〔2011〕5号）的要求，按照《农村寄宿制学校生活卫生设施与管理规范》中有关饮用水、宿舍、食堂、浴室、厕所、垃圾和污水设施等学校生活卫生设施的建设与管理要求，完善学校的各项生活卫生设施，为学校师生提供安全、健康的生活与学习环境。另外，有条件的学校可以建立蔬菜基地、养殖基地等各种形式的基地，适当地让学生参加适合于他们年龄阶段的各种形式的劳动，这样既能促进学校增收，弥补学生生活费用，减轻家庭网主体的负担，也能培养学生勤奋节俭的良好生活习惯。如果条件允许，学校还可以考虑开通校车，以减轻农牧民的负担。当然，学校物质支持力度的加强最终还依赖于政府提供必要的经费保障。

其次，要提供必要的心理与情感支持。学校应该配备专门的生活教师，通过建立小学生个人小档案、心理健康晴雨表等方式，在日常生活中时刻关注和跟踪调查学生的学习生活及心理状态，及时发现问题并解决问题，引导学生心理健康发展。同时，重视学生的亲情补偿，可以动员全校教师组建模拟家庭，向孩子传递真情，使孩子在情感上得到补偿、心理上得到安慰。此外，学校要与学生家长搭建沟通平台，与家长进行充分的沟通，有针对性地开展心理健康教育。

（四）健全托管家庭的支持网

托管家庭作为孩子的临时监护人，本着对孩子负责、对家庭负责的原则切实履行好监护人的职责，时刻关注并及时掌握孩子的学业、品行及身体健康状况，确保儿童身心健康成长；在饮食结构上要合理搭配，确保孩子们吃到安全、营养的饭菜；注重环境的清洁，做好各种消毒工作，将孩子人数控制在一定范围内，避免因人数过多而引发各种营养、卫生及疾病等方面的问题。同时，要利用晚上的时间辅导学生作业，确保其学习生活的顺利进行。更重要的是托管家庭要主动与孩子父母沟通，及时向他们反映孩子学习生活状况，与家长、学校共同关注并解决由于孩子在外地上学而产生的陌生感、受歧视感和不适应感等各种影响身心健康发展的问题，从而将各种问题可能发生的概率降至最低。

五、结语

解决小学布局调整后小学生上学难、上学贵的问题，不是一蹴而就的事情，这不仅需要我们建立由家庭、政府、学校、托管家庭等多元主体组成的多层次、多渠道的社会支持网，更需要我们本着对孩子负责、对家庭负责、对社会负责的态度承担起自己的责任，共同关注儿童成长发展的历程，帮助儿童解决日常生活中的各种问题，确保儿童身心健康发展。研究表明，良好的社会支持网不仅有益于个体的身心健康发展，更有益于社会的和谐稳定。因此，建立健全小学布局调整后小学生的社会支持网，对促进小学生身心健康成长、实现全社会和谐有序发展具有重要的意义。

参 考 文 献

[1] 陈成文．社会弱者论：体制转换时期社会弱者的生活状况与社会支持［M］．北京：时事出版社，2000：131.

[2] 贺寨平．国外社会支持网研究综述［J］．国外社会科学，2001（1）：76-82.

[3] 贺寨平．社会网络与生存状态：农村老年人社会支持网研究［M］．北京：中国社会科学出版社，2004：2.

[4] 阮丹青，周路，布劳，等．天津城市居民社会网初析：兼与美国社会网比较［J］．中国社会科学，1990（2）：157-176.

[5] 张文宏，阮丹青．城乡居民的社会支持网［J］．社会学研究，1999（3）：14-19.

[6] 洪小良．城市贫困家庭的社会关系网络与社会支持［M］．北京：中国人民大学出版社，2008.

[7] 贺寨平，李汉宗．城市贫困人口的社会支持网研究：以天津为例［J］．天津师范大学学报（社会科学版），2009（5）：33-37.

[8] 贺寨平．社会经济地位、社会支持网与农村老年人身心状况［J］．中国社会科学，2002（3）：135-148.

[9] 张友琴．老年人社会支持网的城乡比较研究：厦门市个案研究［J］．社会学研究，2001（4）：11-21.

[10] 景晓芬．少数民族女性的社会支持网络研究：以东乡族为例［J］．安徽农业科学，2011（11）：6806-6807，6810.

[11] 阮曾媛琪．中国就业妇女社会支持网络研究："扎根理论"研究方法的应用［M］．熊跃根，译．北京：北京大学出版社，2002.

[12] 易进．儿童社会支持系统：一个重要的研究课题［J］．心理发展与教育，1999（2）：58-61.

[13] 赵笑梅，李婷．流动儿童社会支持与自尊的关系研究［J］．宁波教育学院学报，2010（3）：60-63.

[14] 殷世东，朱明山．农村留守儿童教育社会支持体系的构建：基于皖北农村留守儿童教育问题的调查与思考［J］．中国教育学刊，2006（2）：14-16.

[15] 马佳宏，卢梅春，李良．新一轮农村中小学布局调整的成效与问题分析：基于广西的

调查与思考［J］. 广西师范大学学报（哲学社会科学版），2011（2）：89-93.

［16］郭清扬．我国农村中小学布局调整的具体成效：基于中西部 6 省区的实证研究［J］. 教育与经济，2007（2）：45-49.

［17］范先佐．农村中小学布局调整的原因、动力及方式选择［J］. 教育与经济，2006（1）：26-29.

［18］东梅，常芳，白媛媛．农村小学布局调整对学生成绩影响的实证分析：以陕西为例［J］. 南方经济，2008（9）：42-49.

［19］张晓霞，杨添荣，舒会霞．农村中、小学资产管理问题及对策［J］. 云南师范大学学报（哲学社会科学版），2005（4）：114-116.

［20］艾文珍．我国农村中小学布局调整的规模经济分析［J］. 基础教育，2010（1）：42-44.

［21］马克思，恩格斯．马克思恩格斯全集：第三卷［M］. 中共中央马克思恩格斯列宁斯大林著作编译局，译．北京：人民出版社，2002：498.

基于社会工作视域的乡村反贫困效果提升路径

尚艳春

2021年2月25日，习近平总书记在全国脱贫攻坚总结表彰大会上庄严宣告：我国脱贫攻坚战取得了全面胜利，现行标准下9 899万农村贫困人口全部脱贫，832个贫困县全部摘帽，12.8万个贫困村全部出列，区域性整体贫困得到解决，完成了消除绝对贫困的艰巨任务①。但值得注意的是，防止返贫要打持久战，这就要求我国政府不断提升反贫困工作效果。

一、社会工作介入乡村反贫困的可行性

（一）社会工作理念贴合反贫困目标

早期的社会工作大多以扶弱济贫的形式呈现。从本质层面看，社会工作旨在根据服务对象的真实需求，开展具有针对性的扶持，从而帮助困难人群彻底摆脱贫困。随着扶贫工作的逐步推进，我国政府及民众的扶贫意识也实现了进化和发展。基于不同地区、不同收入水平的人群生活困难原因的差异性，根据困难人群的真实需求制订相应的帮扶方案，进行切实有效的帮扶，这样才能保证社会工作服务的质量。在社会工作的开展过程中，服务提供者应积极与服务对象建立起相互信任的关系，针对年龄较大或是身体有残疾的特殊群体，应派专业人才负责，以关怀之情对待扶贫工作，这样才能为困难人群提供更具科学性和针对性的脱贫服务。

（二）社会工作专业方法能够助力反贫困工作

在具体工作的开展过程中，社会服务提供者能够凭借自身专业知识和技能全面调查和深入分析困难人群的致贫原因和脱贫需求，制订具有针对性的帮扶方案，同时借助帮扶方法开展帮扶工作。在具体帮扶过程中，社会服务提供者

---

① 资料来源：在全国脱贫攻坚总结表彰大会上的讲话［EB/OL］.（2021-02-25）. http：//www.gov.cn/govweb/xinwen/2021-02/25/content_5588869.htm.

能够以激发困难人群内生动力为工作重点，鼓励困难人群重燃生活信心，从而全面调动起困难人群摆脱贫困的积极性和主动性。在此基础上，社会服务提供者还能够积极引入实时评价机制，根据阶段性脱贫效果动态调整脱贫方案，从而显著提升社会服务效果。除此之外，在帮助人口成功脱贫后，各地社会工作主管部门还能够通过进一步的跟进、评价和总结工作，全面分析服务过程和服务效果，反思其中不足并提出整改建议，从而促进当地社会工作整体质量的提升。

二、基于社会工作视域的乡村反贫困效果提升困境

（一）困难人群的脱贫能力提升缓慢，脱贫绩效考评缺乏社会工作机构参与

一方面，部分地区疏于对困难人群脱贫自信心的树立，也没有开展相关提升困难人群脱贫能力的教育和培训活动，因而难以取得理想的效果；另一方面，部分地区脱贫绩效考评体系较为单一，缺乏社会工作机构的协助，仅靠政府有限的脱贫力量，难以取得理想的效果。

（二）脱贫方法单一，社会支持网络不够完善，社会资源引入不畅

首先，部分地区的社会服务提供者对当地困难人群的真实困难及需求缺乏深入了解，也没有根据自身工作的实际情况为上级政府制定相关扶贫政策提出有价值的意见。

其次，部分地区疏于对困难人群社会支持网络的构建，仅关注扶贫资金的发放，没有为困难人群营造家庭内部、邻里之间、朋友之间互助脱贫的氛围，缺乏对困难人群的关怀和理解，因此也难以帮助他们重拾脱贫的信心。

最后，部分地区疏于对社会上各类扶贫组织的引入，也没有借助各类宣传活动使困难人群熟知当地优势资源，缺乏宣传困难人群疾苦的相关平台和媒体，使得困难人群很难得到社会爱心人士和公益组织的帮助。

（三）治理主体参与不足，政策宣传方式不佳

一方面，部分地区扶贫人员对困难人群主体地位的重视程度不足，没有出台相关激励制度和政策以吸引更多社会力量参与到扶贫工作中来，仅凭借政府单一力量，难以帮助困难人群快速、彻底摆脱贫困；另一方面，部分地区扶贫政策宣传方式单一且落后，疏于对互联网和手机等新媒体的充分利用，也没有根据帮扶对象的文化水平开展宣传，这些都是导致困难人群脱贫信息闭塞的重

要原因。

三、基于社会工作视域的乡村反贫困效果提升路径建议

（一）重视加强困难人群的能力培养，社会工作机构参与脱贫绩效考评

首先，各地社会工作机构应始终将帮助困难人群树立脱贫信心作为工作重点，以消除困难人群的贫困意识为核心，加强对困难人群脱贫能力的培养，利用自身专业知识改变困难人群的消极状态，帮助他们重拾生活的信心，激发他们的自我价值意识，从而调动起他们摆脱贫困的积极性和主动性。与此同时，各地应积极开展各类知识、技能培训活动，结合当地资源和产业特点为困难人群提供具有针对性的教育、培训，借助知识和技能武装困难人群的头脑，在提升他们脱贫信心的同时，也能实现其就业竞争力的显著提升。

其次，各地应积极引入第三方社会工作机构，借助其建议和监督作用实现与政府扶贫机构的优势互补，从而实现扶贫资源的科学、合理分配。与政府扶贫机构不同，第三方社会工作机构在困难人群鉴别、扶贫效果评价以及区域脱贫效果考量等方面能够发挥其独特的作用，不仅能够帮助政府解决部分棘手的扶贫问题，同时也能显著提升政府相关机构扶贫的工作效率。

（二）丰富脱贫方法，健全社会支持网络，引入社会资源

首先，基于致贫的客观因素，各地社会工作机构应深入了解当地困难人群的真实困难和需求，借助专业手段了解、分析和整理这些因素，开展具有针对性的政策宣传，从而坚定困难人群的脱贫信心。与此同时，社会工作机构还要结合自身工作内容向相关政府部门提出具有针对性的扶贫建议，从而为地方政府调整当地扶贫政策提供有价值的信息。在此基础上，各地社会工作机构还可以借助小组扶贫的方式普及政府出台的各项扶贫政策和相关法律条例，从而拓宽当地政府的扶贫渠道，提升扶贫效果。除此之外，社会工作机构在为困难人群提供脱贫服务时，不仅要重视困难人群主观能动性的调动，还应根据困难人群的致贫原因和需求制订具有针对性的扶贫计划，从而显著提升扶贫工作的效果。

其次，各地应努力为当地扶贫工作营造社会支持的氛围。在社会服务开展前，各地社会工作机构应全面收集当地困难人群的救助需求，同时做好整理和分类工作，这样更有利于帮助不同类型困难人群构建社会支持网络。这里所指的社会支持网络不仅包含困难人群家庭内部支持氛围的营造，还包括他们邻

里、朋友的支持和帮助，这对于帮助困难人群重拾脱贫信心具有重要意义。与此同时，在开展个案服务时，各地社会工作机构还应坚持接纳性工作原则，以关怀和理解的态度帮助困难人群构建全新的社会支持网络，从而帮助他们争取到更好的发展机会。

最后，各地在了解困难人群的实际困难和需求后，可积极引入社会专业团体制定脱贫服务方案，从而更快速、彻底地清除脱贫道路上的各类险阻。这种社会团队与政府机构合作的模式能够实现对当地资源的更高效利用，从而从根本上解决当地的贫困问题。对此，政府应通过各类宣传活动使困难人群熟知当地优势资源，深入挖掘当地困难人群的潜在能力，努力为他们创造更多与企业、社会组织交流的机会，拓宽他们交际范围的同时，也能够帮助他们找到更多有效解决贫困的方法。在此基础上，各地还应借助媒体让更多人了解困难人群的疾苦，引入社会爱心人士和公益组织加入扶贫工作的团队之中，从而为困难人群提供更为丰富的物质帮助和精神帮助，激发他们摆脱贫困的斗志。

（三）引导治理主体积极参与，优化脱贫政策宣传方式

一方面，为了解决脱贫力量单一的问题，各地政府应借助各类优惠和奖励政策吸引更多社会力量参与到脱贫工作中，努力构建多元主体参与的协作脱贫体系，从而为困难人群谋求更多的公共福利。在这种协作脱贫体系下，政府仍扮演脱贫的领导者角色，各类社会组织则要发挥各自优势，配合政府做好科学扶贫工作。另一方面，各地要努力改进和创新脱贫政策宣传方式，借助互联网和手机等新媒体对政府扶贫动态以及新出台的各项扶贫制度、政策进行全面宣传，保证困难人群能够第一时间获取当地扶贫信息，从而显著提高扶贫工作的时效性。不仅如此，各地还应根据帮扶对象的文化水平情况，采用政策图片、小视频等更为生动形象的方式，让困难人群更加容易理解扶贫政策的精神所在。此外，各地还可以积极建立扶贫互助小组，并选派专业人员负责，既可以及时帮助困难人群解答扶贫政策相关问题；又可以为有脱贫意愿的群体提供交流的平台，从而营造各治理主体积极参与脱贫的氛围，进而帮助困难人群坚定脱贫的信心。

做好新型城镇化社区治理工作的几点思考

汪海玲

党的十九届四中全会着重研究了“坚持和完善中国特色社会主义制度、推进国家治理体系和治理能力现代化”的若干重大问题，新型城镇化社区治理也属于该范畴。我国城镇化率在2018年末达到59.58%，2035年有望达到70%以上。新型城镇化吸纳了更多的流动人口，让更多的农村人口转变为城镇居民，由此形成了处于传统农村社区和现代城市社区中间状态的新型城镇化社区。新型城镇化社区与农村社区、城市社区不同，具有人口异质性特征，其社区服务水平还有待提高，社区治理秩序体系还未完全形成，针对社区治理工作的绩效测度还未全面展开，这些都是未来新型城镇化社区治理面临的困境和难题。

一、优化社区治理结构要素，破除新型城镇化社区治理结构困境

与现代城市社区以及传统农村社区相比，新型城镇化社区的治理难度相对较大，容易产生结构困境，主要体现在以下三个层面：①社区人口结构的异质性增强，社区居民的诉求日益多元复杂，进一步加大了社区治理的难度。②社区权力结构失衡，社区管理难度加大。社区权力结构包括居民委员会、物业管理公司、业主委员会等，社区人口结构的异质性使得多元权力主体结构失衡、社区精英分子和积极分子等发挥的作用减弱。③社区组织关系失调，社区协同治理不足。无论是何种社区权力结构，其最终目标都是服务居民，而只有形成工作合力，方能达到预期的治理效果。但实际上，各管理主体往往各行其是，难以形成良好的沟通与协作。

为此，可以尝试借鉴以下相关研究成果，优化社区治理结构要素，破除新型城镇化社区治理结构困境。

(1) 明确以居民为中心的治理理念，精准应对居民诉求。在新型城镇化不断推进的过程中，传统的熟人社会逐步转变为陌生人社会，传统的社会管理模

式很难满足现在的社区治理需求。对此，应采取自上而下的治理理念，以居民为中心，精准定位居民需求，提高居民满意度。

（2）明确以多元力量为基础的治理主体，提高治理水平。充分调动社区内各参与主体的积极性，构建多主体协商机制，建立过程共同参与、成果共同享有的治理格局。

（3）明确以创新组织为架构的治理方法，增强治理效果。通过平台载体创新，如借助“互联网＋”，加强对社会治理的创新探索。

（4）明确以创新制度为保障的治理机制，保障社区治理工作有序推进。通过创新工作制度（例如建立清单管理制度），有条不紊地推进各项社区治理事务。

二、强化社区治理服务能力，破解新型城镇化社区治理服务难题

随着新型城镇化社区治理进程的推进，社区治理中的各项服务体系逐步建立起来。然而，社区治理服务仍有很多不足之处：①社区公共服务压力较大、水平偏低。社区除了要承担基层社会服务之外，还要承担弱势群体、流动人口的需求服务，压力较大。另外，社区服务志愿者数量不足、专业知识匮乏、服务水平有待提高。②社区治理缺乏健全的治理机制。例如，相关法律法规建设滞后，社区成长资源调控策略不足，政府与社区服务之间联动性差，等等。③社区居民参与意识不足。居民由于生活、工作压力大，所以对社区治理事务不感兴趣，居民在社区自治过程中的自我服务缺失。④社区观念文化滞后。新型城镇化社区因流动人口、农业人口增多，存在文化水平不高、拜金主义和个人主义旺盛等情况，降低了社会治理服务水平。

要想破解新型城镇化社区治理服务难题，可以从以下几方面着手：

（1）完善社区服务，提高服务水平。地方政府应积极组织服务人员参与专业培训，鼓励青年人投入社区服务行业，同时加强社区服务志愿者队伍建设，促进社区服务有序健康运行。

（2）完善社区治理服务保障机制。地方政府应尽快完善与社区治理服务相关的法律法规，建立社区内多元治理主体的对话机制，同时健全社区服务资金筹集机制，进一步为社区服务保驾护航。

（3）增强社区居民的参与意识。地方政府、社区应联合鼓励社区居民积极参与社区服务，引导社区居民捍卫自己的权益；积极开展群众性活动，提高社区居民的幸福感、归属感。

（4）强化社区居民素质建设。社区应积极开展先进科学知识教育活动，提

高社区居民的道德素质、科学文化素质，构建和谐社区文明家园。

三、完善社区治理秩序体制，化解新型城镇化社区治理秩序危机

20世纪末，社会学家布迪厄（P. Bourdieu）提出了“社会资本”的概念，并将其应用到社会学研究中，指出社区社会关系紊乱、社区社会信任危机、社区社会规范体系破裂是社区治理面临的主要秩序问题。新型城镇化社区治理也面临这些秩序问题：①社区社会关系紊乱。在新型城镇化背景下，传统的熟人社会被陌生人社会取代，邻里关系疏离，社会关系日渐松散。②社区出现社会信任危机。新型城镇化社区的人口流动性强，传统宗族意识弱化，民众的价值观、利益诉求、行为规范各有差异，造成社区分割意识、社会融合危机加剧。③社区社会规范体系分解。与农村社区相比，新型城镇化社区的居民活动空间增大，同时融入了理性主义、契约精神，居民关系考量多以自身利益为主，社会规范体系被逐步分解。

新型城镇化社区治理秩序危机很大程度上来源于社区治理体系的封闭化、社区治理角色的单一化等。化解此类危机，应从以下三个方面着手：

（1）重构社会信任。居民之间的高信任度对完善社区治理秩序至关重要。社区组织应以居民需求变化为信任重建切入点，通过走访、宣传、座谈等形式拉近与居民的距离，建立社区信任网络。

（2）建设社区治理规范。加强社区居民的自我管理、自我决策、自我服务，同时完善社区内部的议事、决策、监督等环节，保证社区各项活动的落实。构建社区居民公约，强化社区共同体意识。

（3）修缮社会关系。培育社区社会关系网络，注重社区精英的培养，提高社区自我管理能力，推动社区治理有序化。

四、健全社区治理评估体系，解决新型城镇化社区治理测度问题

在新型城镇化阶段，社区快速发展。为更好地提高社区治理水平，势必要对其治理效果和成绩进行科学评价。然而，当前社区治理仍有很多关系并未理顺，以至于新型城镇化社区的绩效测度工作存在显著的局限性。具体来说，主要体现在三个方面：①社区治理实践中缺乏完善的考核指标体系。一方面，有些指标体系仍有缺失；另一方面，社区居民生活的持续性、安全性、经济性、效率性、公平性等方面的考核指标不够细化。②社区治理测度缺乏第三方评估

和监督机制。目前，多地新型城镇化社区治理的绩效测度主要由社区自身和当地政府执行，可能会产生一些形式主义问题。③社区治理测度缺乏先进技术评估，评估结果的可靠性不足。

当前新型城镇化社区治理进程中，老旧小区的改造正如火如荼地进行，基层群众自治势头不断增强，农民安置小区工作也得到有效改善，这些成果以及成果背后的问题都可以通过合理测度得到呈现。

（1）构建完善的社区治理工作测度指标体系。遵循科学性、实践性、适应性、民主性原则，细化社区居民生活的持续性、安全性、经济性、效率性、公平性等指标，使测度指标体系能够全面覆盖社区治理工作。

（2）引入第三方专业评估机构，强化社区治理测度监督机制，保证测度结果可信有效。

（3）依据先进技术强化社区治理评估。不仅要进行定性评估，还应采用先进技术进行定量评估，从而准确发现治理中存在的问题，及时整改，更好地促进社区和谐发展。

订单农业参与行为能否提升农户经济获得感

郑黎阳　张心灵

党的十九大以来，我国多次强调要实现小农户和现代农业发展的有机衔接。实践证明，小农户与现代农业发展并不矛盾，家庭承包经营仍是我国农业的主要经营模式。小农户参与订单农业是小农户与现代农业发展进行直接衔接的一种方式。已有研究显示，参与订单农业对于种植户而言具有显著的降本增收效应。从降本增收的机制来看，订单农业能够降低农户进入市场的交易成本，节约生产投入，进而提高农户收入[1-3]。同时，企业为订单农业提供技术指导等服务，也能够促进农户增收[4]。“让人民群众有更多获得感”是习近平总书记在2015年中央全面深化改革领导小组第十次会议上提出的改革要求[5]。有别于抽象的幸福感，获得感更强调实际获得的感受，具有更积极的引导性。群众的获得感来源于政治、经济、社会等多个方面，这与群众的需求层次密切相关[6]。对于农户而言，经济收入、生活条件是制约其提升获得感的主要因素，提升农户家庭的经济获得感是提升整体获得感的重要组成部分[7]。那么，订单农业参与行为能否提升农户的收入水平和经济获得感？订单农业的经济获得感效应从哪些方面体现？找到这些问题的答案，就能够有效检验订单农业的普惠性，对订单扶贫模式的优化具有指导意义。

本文旨在检验订单农业参与行为的经济获得感效应，在研究中用“农户在村中收入层次自评”度量横向现实经济获得感，用“去年收入与三年前相比的变化”度量纵向现实经济获得感，用“预计今年收入比去年增长（减少）的比例”度量纵向预期经济获得感。基于2020年暑期在内蒙古自治区呼和浩特市武川县进行的农户调查数据，筛选出回答完整的702份农户问卷，评估订单农业参与行为对参与主体经济获得感的影响。本文的创新之处在于：首次运用经济获得感来评价订单农业的增收效应，从时间、空间和发展性三个维度研究订单农业能否给参与主体带来经济获得感。

一、材料与研究方法

（一）数据来源

本文所用的数据来自2020年夏季在内蒙古自治区呼和浩特市武川县对农业种植户开展的调研工作所得。本次调研运用分层抽样与随机抽样相结合的方法，在武川县抽取4个镇，每个镇随机抽取150～200个种植户，采取入户访谈的方式完成调查问卷的填写。调查内容包括：农户基本信息、经济获得感信息、农业经营信息等。此次调研工作共收集问卷728份，剔除关键信息缺失的问卷，共获得有效问卷702份，问卷有效率96.43%。

（二）变量说明和描述性统计

本文将224户参与订单农业的农户作为处理组，478户未参与订单农业的农户作为对照组，利用倾向值匹配法分析订单农业参与行为能否影响农户的收入和经济获得感，因变量为农户收入和经济获得感，核心自变量为农户的订单农业参与行为，混淆变量为共同影响农户收入、经济获得感和订单农业参与行为的变量[8]。

1. 因变量

本文以农户收入和经济获得感为因变量。经济获得感的度量应综合考虑横向空间维度和纵向时间维度[9-10]。因此，本文用3个指标衡量农户经济获得感：横向现实经济获得感、纵向现实经济获得感和纵向预期经济获得感。横向现实经济获得感用“农户在村中收入层次自评”进行度量，具体分为“下等、中下等、中等、中上等、上等”5个等级，用以表示在村中相较于其他人的收入，农户对自身收入的满意度；纵向现实经济获得感以“去年收入与三年前相比的变化”为替代变量，具体分为“大幅减少、小幅减少、没有变化、小幅增加、大幅增加”5个等级；纵向预期经济获得感的度量采用农户对“预计今年收入比去年增长（减少）的比例”进行衡量。从表1中可以看出，702个样本农户2019年家庭总收入的均值为16.85万元；有61.39%的农户认为家庭收入在村中属于中等水平，23.36%的农户认为家庭收入在村中属于中下等水平；61.11%的农户认为2019年家庭收入与三年前相比没有显著变化，24.93%的农户认为2019年家庭收入比三年前有小幅增加。样本农户预期2020年收入比2019年收入增长的比例均值为3%。

2. 核心自变量

本文以农户的订单农业参与行为作为核心自变量，用以检验订单农业参与行为的经济获得感效应。统计结果显示，有68.09%的农户未参与订单农业，有 31.91%的农户参与了订单农业。

3. 混淆变量

本文以户主年龄、户主性别、户主受教育程度、耕地面积、农业收入占比、信息可得性和社会资本作为混淆变量。表 1 中的数据显示，户主的平均年龄为 51.36 岁；有 87.18%的户主为男性；有 24.79%的户主为小学文化水平，41.03%的户主为初中文化水平，22.23%的户主为高中或中专文化水平；农户平均耕地面积为 166.04 亩；农业收入占家庭收入的比例均值为 44%。农户的信息可得性以“信息获取渠道种类数”作为替代变量，农户的信息获取渠道主要包括组织渠道和大众媒介渠道，其中组织渠道指社会网络构成的信息渠道[11]。调研样本农户采用的信息渠道主要有以下 8 种：亲友渠道、合作社组织渠道、政府渠道、企业渠道、报刊渠道、电视渠道、手机渠道和电脑渠道。样本农户平均有用信息获取渠道 2.58 种。农户的社会资本以“春节拜年人数”为替代变量[12]，样本农户平均拜年人数约为 15 人。

表 1　变量说明及描述性统计分析

<table>
<tr><th>变量类型</th><th colspan="2">变量名</th><th>含义</th><th>赋值</th><th>频率（%）</th><th>均值</th><th>标准差</th></tr>
<tr><td rowspan="14">因变量</td><td colspan="2">农户收入（万元）</td><td>农户 2019 年家庭总收入</td><td></td><td>—</td><td>16.85</td><td>70.26</td></tr>
<tr><td rowspan="13">经济获得感</td><td rowspan="5">横向现实经济获得感</td><td rowspan="5">自身收入水平在村中的层次自评</td><td>下等＝1</td><td>4.70</td><td rowspan="5">2.80</td><td rowspan="5">0.74</td></tr>
<tr><td>中下等＝2</td><td>23.36</td></tr>
<tr><td>中等＝3</td><td>61.39</td></tr>
<tr><td>中上等＝4</td><td>8.40</td></tr>
<tr><td>上等＝5</td><td>2.13</td></tr>
<tr><td rowspan="5">纵向现实经济获得感</td><td rowspan="5">去年收入与三年前相比有何变化</td><td>大幅减少＝1</td><td>2.13</td><td rowspan="5">3.18</td><td rowspan="5">0.71</td></tr>
<tr><td>小幅减少＝2</td><td>8.69</td></tr>
<tr><td>没有变化＝3</td><td>61.11</td></tr>
<tr><td>小幅增加＝4</td><td>24.93</td></tr>
<tr><td>大幅增加＝5</td><td>3.14</td></tr>
<tr><td>纵向预期经济获得感</td><td>预期 2020 年比 2019 年收入增长（减少）的比例</td><td>实际数值</td><td>—</td><td>0.03</td><td>0.08</td></tr>
</table>

（续）

变量类型	变量名	含义	赋值	频率（%）	均值	标准差
自变量	订单农业参与行为	农户是否参与订单农业	未参与＝0 参与＝1	68.09 31.91	0.32	0.47
混淆变量	户主年龄（岁）	—		—	51.36	8.13
	户主性别	—	女＝0 男＝1	12.82 87.18	0.87	0.33
	户主受教育程度	—	未上学＝1 小学＝2 初中＝3 高中及中专＝4 大专及以上＝5	9.97 24.79 41.03 22.23 1.80	2.83	0.99
	耕地面积（亩）	—		—	166.04	636.55
	农业收入占比	农业收入占家庭收入的比例	实际数值	—	0.44	0.37
	信息可得性（种）	信息获取渠道种类数			2.58	1.13
	社会资本（人）	春节拜年人数		—	15.28	17.40

（三）方法选择

本文利用倾向值法分析订单农业参与行为的经济获得感效应。是否参与订单农业是由农户根据自身特征和资源等因素做出的选择，属于自选择问题。倾向值匹配法（propensity score matching，PSM）是处理自选择问题的主要方法之一[13]，其运行思路是为每一个参与订单农业的农户匹配一个除了参与行为之外，其他特征均类似的未参与订单农业的农户作为对照，用以分析订单农业参与行为的经济获得感净效应，即平均处理效应（average treatment effect on the treated，ATT）。

将样本农户分为两组，其中参与订单农业的农户为处理组，未参与订单农业的农户为对照组，对参与订单农业的经济获得感提升进行处理效应评估。农户的经济获得感可以表示为

$$Y_c = Y_{0c} + (Y_{1c} - Y_{0c}) D_c = \alpha + \beta X_c + \Delta D_c + \varepsilon_c$$

式中：c 表示农户编号；Y_c表示 c 农户的经济获得感；Y_{0c}表示未参与订单农业的 c 农户的经济获得感；Y_{1c}表示参与订单农业的 c 农户的经济获得感；X_c表示除了是否参与订单农业这一变量外，其他影响农户经济获得感的因素变量；D_c表示农户是否参与订单农业，虚拟变量 $D_c = \{0,1\}$，其中样本农户

参与订单农业时$D_c=1$，样本农户未参与订单农业时$D_c=0$；α 为常数项；β 为相关系数；ε_c 为随机扰动项。

农户的经济获得感Y_c受到其他因素变量X_c和是否参与订单农业的虚拟变量D_c的影响。

订单农业参与的效果（ATE）为 E（$Y_{1c}-Y_{0c}$），参与者的平均处理效应（ATT）为 $E(Y_{1c}-Y_{0c} \mid D_c=1)$，未参与者的平均处理效应为 $E(Y_{1c}-Y_{0c} \mid D_c=0)$。

由于农户要么参与订单农业，要么不参与订单农业，不能既参与又不参与订单农业，因此无法同时观测到Y_{0c}和Y_{1c}。在估计参与者的处理效应时，由于受到 $E(Y_{1c}-Y_{0c} \mid D_c=1)-E(Y_{1c}-Y_{0c} \mid D_c=0)$ 的干扰（这一项可能为负），直接比较参与者与未参与者的收益之差是不合理的。在这种情况下，采用倾向值匹配法能够处理缺失值的问题[14]。

根据倾向值匹配法对样本农户订单农业参与的平均处理效应进行处理，参与者的平均处理效应表达式为

$$\widehat{ATT}=\frac{1}{N_1}\sum_{c}(Y_c-\hat{Y}_{0c})\text{，（}C\text{ 所对应的 }D_c=1\text{）}$$

式中：N_1 表示参与订单农业的全体样本农户，c（其所对应的 $D_c=1$）表示参与订单农业的 c 农户。

二、结果与分析

（一）参与订单农业的经济获得感效应测量结果

表 2 报告了混淆变量对订单农业参与行为的影响。结果显示，户主性别、耕地面积、农业收入占比、信息可得性和社会资本对订单农业参与行为有促进作用。

表 3 报告了利用倾向值匹配法得出的订单农业参与行为对农户收入、横向现实经济获得感、纵向现实经济获得感和纵向预期经济获得感的处理效应。本文运用最近邻匹配（1∶3 匹配）和核匹配（窗宽 0.06）两种匹配方法，ATT 值的显著性检验采用自助法（bootstrap）得到，重复抽样次数为 500 次[15]。从匹配结果来看，两种匹配方法得到的 ATT 值比较接近，显著性水平一致。

从农户收入来看，参与订单农业的农户总收入明显高于未参与订单农业的农户。最近邻匹配结果显示，参与订单农业的农户总收入均值为 20.057 万元，而未参与订单农业的农户总收入均值为 10.677 万元；核匹配结果显示，参与订单农业的农户总收入均值为 20.057 万元，未参与订单农业的农户总收入均值为 10.868 万元。ATT 值通过了 1%水平上的显著性检验，说明农户的订单

农业参与行为显著提升了农户收入。

从横向现实经济获得感来看，未参与订单农业的农户对自身收入在村中的等级评定为中等偏下（最近邻匹配结果为 2.627，核匹配结果为 2.643），而参与订单农业的农户的收入自评已接近中等水平（最近邻匹配结果为 2.963，核匹配结果为 2.963），*ATT* 值没有通过显著性检验。从经济角度和统计角度来说，参与订单农业的农户的横向现实经济获得感更强，但参与订单农业与横向现实经济获得感效应不存在鲁宾因果关系，即参与订单农业不是提升农户横向现实经济获得感的主要原因。

从纵向现实经济获得感来看，未参与订单农业的农户对收入较三年前的变化评定为没有变化（最近邻匹配结果为 3.157，核匹配结果为 3.145），而参与订单农业的农户的收入较三年前的水平介于没有变化与小幅提升之间（最近邻匹配结果为 3.497，核匹配结果为 3.497），*ATT* 值没有通过显著性检验。参与订单农业的农户的纵向现实经济获得感更强，但参与订单农业与纵向现实经济获得感效应不存在鲁宾因果关系，即参与订单农业不是提升农户纵向现实经济获得感的主要原因。

从纵向预期经济获得感来看，未参与订单农业的农户在最近邻匹配后的未来预期收入增长幅度为 1.7%（核匹配结果为 1.1%），参与订单农业的农户在最近邻匹配后的未来预期收入增长幅度为 9.1%（核匹配结果为 9.1%），*ATT* 值通过了 1%水平上的显著性检验。说明农户的订单农业参与行为显著提升了纵向预期经济获得感。

表 2　预测倾向值的 Logistic 回归结果

项目		Logistic 模型
混淆变量	户主年龄	−0.009
	户主性别	1.147**
	户主受教育程度	−0.049
	耕地面积	0.007***
	农业收入占比	0.732**
	信息可得性	1.328***
	社会资本	0.175***
常数项		−8.345***
伪 R^2		0.633 4
LR 统计量		555.85
样本容量		702

注：***、**分别代表 1%、5%的显著性水平。

表 3　参与订单农业的经济获得感提升效应

因变量	最近邻匹配			核匹配		
	处理组	对照组	*ATT*	处理组	对照组	*ATT*
总收入	20.057	10.677	4.02***	20.057	10.868	5.47***
横向现实经济获得感	2.963	2.627	1.86	2.963	2.643	1.98
纵向现实经济获得感	3.497	3.157	3.00	3.497	3.145	2.98
纵向预期经济获得感	0.091	0.017	5.06***	0.091	0.011	5.58***

注：***代表1%的显著性水平。

（二）共同支撑域和平衡性检验

共同支撑域是处理组和对照组中个体倾向得分的重合区域。运用 Stata12.0 软件对数据进行处理之后发现，处理组与对照组的共同支撑域为［0.75，1.33］，共同支撑域的范围决定了样本损失量，本文在匹配方法上选择了最近邻匹配（1∶3 匹配）和核匹配（窗宽 0.06）两种方法，两种方法损失的样本量为 37 个，与总样本量相比，损失比例较小，共同支撑域结果较好。

倾向值匹配的目的是平衡两组样本的混淆变量分布，平衡性检验能够获得两组样本的混淆变量的标准偏差和统计显著性，平衡性检验结果见表 4 和表 5。表 4 显示，匹配后多数混淆变量的标准偏差都大幅下降，从 *T* 检验结果能够发现，匹配后显著影响订单农业参与行为的混淆变量在处理组和对照组之间的差异不再具有显著性。从表 5 可以看出，匹配前的伪 R^2 为 0.627，最近邻匹配后的伪 R^2 下降为 0.077，核匹配后的伪 R^2 下降到 0.056；匹配前的 *LR* 统计量为 550.22，最近邻匹配后下降到 39.74，核匹配后下降到 29.27；解释变量的偏差均值由匹配前的 92.9％下降到核匹配后的 16.9％、最近邻匹配后的 24.0％；偏差中值从匹配前的 54.6％下降到核匹配后的 13.3％、最近邻匹配后的 22.9％，大幅度降低了总偏误。平衡性检验表明，倾向值匹配是成功的，匹配后参与订单农业的农户与未参与订单农业的农户在家庭特征等方面的数值基本一致，通过了平衡性检验。

表 4　混淆变量均值的标准偏差

混淆变量	匹配前后	均值		标准偏差（％）	标准偏差减少幅度（％）	*T* 检验	
		处理组	对照组			统计量	*P* 值
户主年龄	匹配前	48.473	52.702	−52.4		−6.62	0.000
	匹配后	48.984	50.252	−15.7	70.0	−1.37	0.171

（续）

混淆变量	匹配前后	均值		标准偏差（%）	标准偏差减少幅度（%）	T 检验	
		处理组	对照组			统计量	P 值
户主性别	匹配前	0.946	0.836	36.0		4.11	0.000
	匹配后	0.936	0.786	48.8	−35.8	4.27	0.142
户主受教育程度	匹配前	3.174	2.676	51.9		6.36	0.000
	匹配后	2.995	2.695	31.3	3.8	2.82	0.005
耕地面积	匹配前	448.03	33.892	54.6		8.41	0.000
	匹配后	191.7	216.2	−3.3	94.0	−1.03	0.303
农业收入占比	匹配前	0.691	0.318	120.5		13.96	0.000
	匹配后	0.660	0.733	−23.6	80.4	−1.38	0.169
信息可获得性	匹配前	3.625	2.099	163.5		21.32	0.000
	匹配后	3.369	3.162	22.1	86.5	2.34	0.120
社会资本	匹配前	22.629	7.838	171.2		23.21	0.000
	匹配后	20.043	22.023	−22.9	86.6	−1.56	0.119

表 5　匹配前后混淆变量的平衡性检验结果

项目	伪 R^2	LR 统计量	P 值	偏差均值（%）	偏差中值（%）
匹配前	0.627	550.22	0.000	92.9	54.6
最近邻匹配后	0.077	39.74	0.000	24.0	22.9
核匹配后	0.056	29.27	0.000	16.9	13.3

（三）敏感性分析

敏感性分析的作用是估算重要变量遗漏产生的隐藏偏差的水平，本文使用 Stata.12 软件的 rbounds 命令进行敏感性分析。表 6、表 7、表 8 和表 9 分别显示总收入 *ATT*、横向现实经济获得感 *ATT*、纵向现实经济获得感 *ATT* 和纵向预期经济获得感 *ATT* 的敏感性分析结果。*Gamma* 表示由未观测因素导致的参与发生比。当 *Gamma* 值较大时，*ATT* 值的显著性水平才超过 10%，表明研究结果对隐藏偏差具有较好的稳健性。

从表 6 看，当 *Gamma*=2 时，总收入 *ATT* 在 1%的水平上显著。这表明总收入 *ATT* 在匹配方法上对隐藏偏差具有较好的稳健性。

从表 7 看，当 *Gamma*=2 时，横向现实经济获得感 *ATT* 在 1%的水平上显著。这表明横向现实经济获得感 *ATT* 在匹配方法上对隐藏偏差具有较好的稳健性。

从表 8 看，当 *Gamma*＝2 时，纵向现实经济获得感 *ATT* 在 1%的水平上显著。这表明纵向现实经济获得感 *ATT* 在匹配方法上对隐藏偏差具有较好的稳健性。

从表 9 看，当 *Gamma*＝2 时，纵向预期经济获得感 *ATT* 在 1%的水平上显著。这表明纵向预期经济获得感 *ATT* 在匹配方法上对隐藏偏差具有较好的稳健性。

表 6　总收入 *ATT* 的敏感性水平

Gamma	显著性水平		*Hodges*－*Lehmann* 点估计		置信区间	
	上界	下界	上界	下界	上界	下界
1	0.000	0.000	8.750	8.750	7.750	9.669
2	0.001	0.000	6.808	10.777	5.759	11.944

表 7　横向现实经济获得感 *ATT* 的敏感性水平

Gamma	显著性水平		*Hodges*－*Lehmann* 点估计		置信区间	
	上界	下界	上界	下界	上界	下界
1	0.000	0.000	0.333	0.333	0.333	0.333
2	0.001	0.000	0.134	0.5	0.112	0.667

表 8　纵向现实经济获得感 *ATT* 的敏感性水平

Gamma	显著性水平		*Hodges*－*Lehmann* 点估计		置信区间	
	上界	下界	上界	下界	上界	下界
1	0.000	0.000	0.500	0.500	0.333	0.500
2	0.002	0.000	0.102	0.667	0.431	0.667

表 9　纵向预期经济获得感 *ATT* 的敏感性水平

Gamma	显著性水平		*Hodges*－*Lehmann* 点估计		置信区间	
	上界	下界	上界	下界	上界	下界
1	0.000	0.000	0.066	0.066	0.054	0.078
2	0.000	0.000	0.042	0.093	0.031	0.108

三、讨论

从倾向值匹配结果来看，参与订单农业的农户在总收入、横向现实经济获得感、纵向现实经济获得感和纵向预期经济获得感的均值都高于匹配后的未参与订单农业的农户，但横向现实经济获得感 ATT 和纵向现实经济获得感 ATT 没有通过显著性检验。也就是说，参与订单农业的农户在横向比较中对自身收入水平的满意程度和对收入的增长速度的满意程度都高于未参与订单农业的农户，但参与订单农业并不是导致这两个结果的直接原因。订单农业参与行为能够提升农户收入水平和纵向预期经济获得感，但订单农业的现实经济获得感效应不足，这可能是导致农户在相同经济环境、政策环境和生态环境下对是否参与订单农业做出不同决策的原因。未来可以进一步研究影响农户现实经济获得感的主要因素，用以优化订单农业的服务模式，促进订单农业的推广。

总收入 ATT 通过了1%水平上的显著性检验，说明订单农业参与行为能够提升农户收入水平，这与学者们的研究结论一致[4,16-17]。纵向预期经济获得感 ATT 通过了1%水平上的显著性检验，说明参与订单农业能够提高农户对未来收入的乐观预期。持久收入消费理论提出，消费水平与未来收入预期息息相关[18]。农户通过参与订单农业提升了收入预期，并提升了消费水平和生活质量，对家庭负担能力与抗风险信心也有提升作用，进而增加了持续经营的信心和开展多种经营的可能性。

四、结论

本文以内蒙古自治区武川县702个种植户的调研数据为基础，利用倾向值匹配法研究订单农业参与行为对农户的横向现实经济获得感、纵向现实经济获得感和纵向预期经济获得感的处理效应，得到以下结论：

（1）订单农业参与行为对农户收入有显著的提升效应。

（2）订单农业参与行为与农户横向现实经济获得感的提升不存在鲁宾因果关系，即虽然订单农业参与农户的横向现实经济获得感更强，但订单农业参与行为不是主要原因。

（3）订单农业参与行为与农户纵向现实经济获得感的提升不存在鲁宾因果关系，即虽然订单农业参与农户的纵向现实经济获得感更强，但订单农业参与行为不是主要原因。

（4）订单农业参与行为对农户的纵向预期经济获得感有显著的提升效应。参与订单农业能够提升农户对未来收入的预期，进而产生经济获得感效应。

参 考 文 献

[1] TRIPATHI R S，SINGH R，SINGH S. Contract farming in potato production：an alter-

native for managing risk and uncertainty [J]. Agricultural economics research review, 2005, 18 (2): 47-60.

[2] WARNING M, KEY N. The social performance and distributional consequences of contract farming: an equilibrium analysis of the Arachide de Bouche Program in Senegal [J]. World development, 2002, 30 (2): 255-263.

[3] 祝宏辉，王秀清．新疆番茄产业中农户参与订单农业的影响因素分析［J］．中国农村经济，2007（7）：67-75.

[4] 徐健，汪旭晖．订单农业及其组织模式对农户收入影响的实证分析［J］．中国农村经济，2009（4）：39-47.

[5] 中共中央宣传部．习近平总书记系列重要讲话读本：2016年版［M］．北京：学习出版社，2016：76-78.

[6] 张品．“获得感”的理论内涵及当代价值［J］．河南理工大学学报（社会科学版），2016，17（4）：402-407.

[7] 梁土坤．农村低收入群体经济获得感的内涵、特征及提升对策［J］．学习与实践，2019（5）：78-87.

[8] 胡安宁．倾向值匹配与因果推论：方法论述评［J］．社会学研究，2012，27（1）：221-242，246.

[9] 李鹏，柏维春．人民获得感对政府信任的影响研究［J］．行政论坛，2019，26（4）：75-81.

[10] 王瑜．电商参与提升农户经济获得感了吗？——贫困户与非贫困户的差异［J］．中国农村经济，2019（7）：37-50.

[11] 桂学文，王中尧，桂恒，等．我国农户信息需求与信息行为现状调查及分析［J］．情报科学，2016，34（3）：66-70.

[12] 叶静怡，武玲蔚．社会资本与进城务工人员工资水平：资源测量与因果识别［J］．经济学（季刊），2014，13（4）：1303-1322.

[13] HECKMAN J J, SMITH J A. Assessing the case for social experiments [J]. Journal of economic perspectives, 1995, 9 (2): 85-110.

[14] 陈强．高级计量经济学及 Stata 应用［M］．2版．北京：高等教育出版社，2014：542-554.

[15] EFRON B, TIBSHIRANI R J. An introduction to the bootstrap [J]. Journal of the American statistical association, 1993, 89 (428): 436.

[16] 郭建宇．农业产业化的农户增收效应分析：以山西省为例［J］．中国农村经济，2008（11）：8-17.

[17] 王克喜，毛圆圆，谭幸．中国农业产业化水平及其对农民收入的贡献率［J］．湖南农业大学学报（社会科学版），2012，13（3）：14-21.

[18] FRANOISE, FROGES, ENRICO, et al. Self-fulfilling mechanisms and rational expectations [J]. Journal of economic theory, 1997, 75 (2): 388-406.

论乡村振兴战略下“草原书屋”发展建设

鲍晓艳　李艳娟

民族文化的延续不能没有传承的根基，农牧民正是实现乡村振兴战略、传承民族文化不可替代的中坚力量，他们肩负着传承和复兴本民族特色文化的使命。农牧民养成良好的阅读习惯，不但可以传播和弘扬蒙古族独特的草原文化，还能学习和掌握各种生产、生活技能，促进农牧区的持续健康发展。农牧区人口数量多、文化素质相对较低，这对农牧区文化教育工作提出了很高的要求。“草原书屋”作为农牧区重要的文化惠民工程，是农牧民进行阅读学习及文化建设的重要阵地，也是帮助广大农牧民掌握生产、生活技能以尽快脱贫的重要场所。

一、“草原书屋”建设概况

根据《国家“十一五”时期文化发展规划纲要》的部署，2007 年 3 月，中央精神文明建设指导委员会办公室、国家新闻出版总署等 8 部委联合印发《农家书屋工程实施意见》，开始在全国范围开展“农家书屋”工程，在内蒙古自治区被称为“草原书屋”工程。该工程开始实施至今，已经完成了在蒙古族聚居区的全面覆盖，改善了长期存在的基层图书馆缺乏的现状，解决了农村牧区文化设施相对落后，文化积累不足，广大农牧民读报难、买书难、阅读蒙古文图书更难的问题。该项目于 2008 年全面启动，到 2013 年，内蒙古自治区已建成汉文书屋 9 123 个、蒙文书屋 2 152 个，总共 11 275 个“草原书屋”，基本圆满实现了“草原书屋”在内蒙古自治区各建制村（嘎查）全覆盖的目标。

根据笔者对内蒙古自治区 60 多个半农半牧区、纯牧区的调查结果，每一个建制村都设有“草原书屋”，面积在 30～100 平方米，85％以上“草原书屋”的藏书量达到 1 200～2 000 册，现有书籍里蒙文书籍约占 60％。例如，B 嘎查是以一个蒙古族牧民为主体的纯牧业嘎查。为了游牧的需要，B 嘎查的牧民一年四季要更换不同的居住环境。考虑到牧民的实际生活环境及生产方式，为了使牧民们能够有书读、有报看，当地政府建造了 40 平方米的房车式流动书屋，房车式流动书屋可随着牧民的搬迁而随时移动。在流动书屋内，桌、椅、书架等阅读设施配备齐全。“草原书屋”工程不仅丰富了农村牧区特别是偏远牧区牧民的文化生活，而且改善了政府公共文化服务方面的不足，切实地促进了公共文化服务资源向基层的延伸。

二、实施乡村振兴战略过程中充分发挥“草原书屋”作用的对策建议

“草原书屋”在农牧区的覆盖率很高，但是其服务质量却未达到预期目标。其中一个重要原因就是投入文化事业的经费不足，导致书屋内的书籍数量较少、更新较慢等，不能满足农牧民的精神文化需求。

（一）加大公共文化事业支出，完善“草原书屋”服务体系

加大公共财政对文化事业的支持力度，为农牧民的“草原书屋”提供充足的阅读书目，丰富书籍种类，及时更新相关图书，为农牧民提供更新、更先进的科学技术知识，打造真正有质量的“草原书屋”，才能发挥其丰富乡村文化、帮助农牧民脱贫致富的积极作用。另外，政府在对“草原书屋”进行管理时要配备专业的管理人员，管理人员可依据农牧民对相关知识的需要指导性地进行书籍推荐，必要时进行相关的培训。通过培训使农牧民了解阅读的重要性和阅读的方式方法，能够科学选择相关书籍进行阅读，以获得生产、生活知识和技能。例如，通辽市图书馆依据当地“草原书屋”工程建设情况，制订了图书管理人员培训方案，在2014年和2015年共计开展图书整理系列专业技术培训、草原书屋管理人员专业技术培训等课程近10次，派人赴科左中旗、库伦旗、奈曼旗等地，协助当地“草原书屋”管理人员进行排架、分类并给予业务指导。这一系列举措起到了良好的效果，“草原书屋”的功能得以有效发挥。

国内外有关游牧文化、草原文化的出版物很多。“草原书屋”还应注重对民族历史文化类书籍的收藏，积极引导农牧民阅读相关书籍，帮助农牧民了解本地区特有的历史、文化、社会生活、风俗习惯等，对本民族的文化瑰宝进行学习传承，促进特色农牧区的建设，发展民族地区的旅游业。

（二）通过“草原书屋”搭建合作平台

长期以来，农牧民关于种植和放牧的生产、生活技能都是从长辈处通过言传身教、日积月累的方式学习得来的，代代相传，几乎没有变化。然而，随着时代的进步，科学技术的发展日新月异，农牧民从先辈承袭下来的生产、生活方式已经不能适应现代农牧业的发展，必须因时因势转变。在畜牧产业现代化

的环境下，为了达到增产增收、脱贫致富的目的，必须学习、掌握科学养殖和种植的技术，改变传统观念。一方面，农牧业科技企业可以充分利用“草原书屋”这一平台向农牧民积极推广农作物新品种、农药、肥料、农业现代化机械等，利用“草原书屋”传授种植方法、相关机械使用方法，提供养殖、种植方面的书籍资料等；另一方面，农牧民可以充分利用“草原书屋”这一平台学习先进的生产经验和技术，提高产能，实现脱贫致富的目标。这样一来，企业对产品进行了宣传，对先进的农牧业生产技术进行了推广，农牧民养成主动阅读学习的习惯，其农牧业生产技能也得到了提高，精神文化生活不断丰富，还能够促进当地的乡风文明建设。

（三）因地制宜发挥“草原书屋”的重要作用

建设“马背上的蒙古包书屋”和房车式流动书屋，满足农牧民的阅读需求。

由于内蒙古地理环境、农牧民分布情况的特殊性，各牧区对于“草原书屋”的要求也不一样。从锡林郭勒、阿拉善、呼伦贝尔等纯牧区“草原书屋”的建设来看，必须根据牧民的实际需要建立可移动的书屋，以满足广大牧民群众的阅读需求。因此，部分地区的“草原书屋”建设要充分考虑地理环境因素，做好调研工作，克服相关障碍，建设符合农牧民需求的“马背上的蒙古包”书屋和房车式流动书屋供当地农牧民使用。还要充分考虑相关管理问题，制订完善的管理方案，加强管理与保护。

利用“互联网＋”的便利，充分发挥“草原书屋”的作用。随着内蒙古自治区公共电子阅览室及数字图书馆推广工程等惠民举措的实施，内蒙古图书馆大力推广“马背数字图书馆”项目，使数字图书馆进入每个牧民家庭。自2013年起，在巴林右旗、翁牛特旗、克什克腾旗、乌拉特中旗、乌拉特后旗、苏尼特右旗、达茂旗、托克托县等地区进行“马背数字图书馆”试点工作。依托牧区的特点，将“草原书屋”与“马背数字图书馆”工程相结合，既有利于“马背数字图书馆”工程的开展，又有利于改变“草原书屋”单一的书籍供给形式。充分利用互联网的便捷条件，为农牧民开展形式多样的学习、培训活动，例如观看农业科技纪录片、农牧业专家视频讲座等，打通公共文化服务“最后一公里”。

增加蒙古族传统文化图书资料，充分发挥“草原书屋”文化传承的作用。蒙古族人口当中，农牧民的人数占据相当大的比例。农牧民文化素质的提高、对科学技术的掌握程度直接影响农牧区脱贫致富的进度。在实施乡村振兴战略过程中，需要建设民族文化特色农牧区，通过大力发展民族地区旅游业，带动当地的经济发展。农牧民通过阅读学习和掌握本民族传统文化→在生产、生活中体现传统文化→建设有民族文化特色的嘎查（建制村）→促进民族地区旅游业的发展→带动民族地区的经济发展→实现脱贫致富。实现这一过程需要农牧民深入、全面地阅读关于民族传统文化的各种书籍资料，学习、了解民族传统饮食文化、服饰文化、建筑文化、地方性传统知识、乡规民约、习俗禁忌、宗教节日、体育游戏等方面的知识，积极主动地参与到传承传统文化与脱贫致富工作当中，转变只依靠政府帮扶的现象。

“草原书屋”要有意识地增加通俗易懂的以民族语言文字为载体的讲述民族传统文化的专著、影视资料、科普教材、专题报告等，供农牧民学习和欣赏，促进民俗村、文化特色嘎查的建设。

随着时代的进步，社会发展对个人提出了更高的要求。阅读有助于农牧民提高自身素质、正确把握做人做事准则、学习和掌握新的知识与技能，更是了解和传承民族文化的重要途径。因此，有关部门在“草原书屋”建设发展的过程中应注意提高其利用率，对其进行科学的管理，使农牧民认识到阅读的重要性，养成读书的习惯，培养农牧民因地制宜运用本民族文化知识解决民族地区发展难题的能力，鼓励广大农牧民在社会实践中对优秀的民族传统文化进行创新，实现文化自信，担负起实施乡村振兴战略的使命。

呼和浩特市共享单车发展现状与对策研究

张　超　房文双

2021年出台的《中华人民共和国国民经济和社会发展第十四个五年规划和2035年远景目标纲要》中提出“坚定不移贯彻创新、协调、绿色、开放、共享的新发展理念”。低碳出行、绿色环保日益成为流行的话题。共享单车方便了居民“最后一公里”的出行，促进了慢行交通系统的发展。共享单车接入城市公共交通网，为打通城市交通“最后一公里”进行了有益的探索[①]。近几年来，共享单车在呼和浩特市发展迅速，有效缓解了该市机动车道路拥堵状况，因此共享单车逐渐成为居民喜爱的出行工具之一。但是，当前呼和浩特市共享单车市场正处在初级阶段，乱停乱放现象比较普遍，这会占据紧张的道路资源，降低通行效率，增加交通风险。同时，共享单车的相关设备如头盔、踏板等也没有得到完好的维护，造成了共享资源被破坏的局面。因此，如何使呼和浩特市共享单车健康地发展成为一个亟待解决的重要问题。

一、中国共享单车发展历程

21世纪初，共享单车的雏形——有桩单车开始出现，最初主要由“有形之手”——政府进行有桩单车的建设。但是随着市场的快速发展，有桩单车的押金昂贵、定点还车不方便等问题逐渐凸显，导致政府主导的有桩单车的供给与居民的日常出行需求之间出现矛盾，居民的日常出行需求难以得到满足。

随后10年里，“无形之手”——市场逐渐发挥作用，一些企业进入共享单车市场，居民需求日益得到了满足，共享单车成了出行的最佳选择之一。政府将经营权下放到共享单车的经营企业，企业通过“生产—管理—回收”的模式

① 资料来源：李琨浩．基于共享经济视角下城市共享单车发展对策研究［J］．城市，2017（3）：66－69．

进行经营，获得盈利。但是，由市场起支配作用的体制开始出现安全与交通问题，企业以利益为导向进行生产经营活动，各种颜色的共享单车乱停乱放，产生了市容市貌和公共环境卫生难以规制、安全事故频发等问题，影响了居民的正常生活秩序。

近年来，共享单车在我国进入了平稳期，“有形之手”与“无形之手”相互配合，形成由企业进行共享单车的生产、投放和经营，政府进行共享单车市场的规制、管理与监督的局面。共享单车的快速发展加快了城市交通轨道的建设，企业之间的竞争也促进了共享单车行业的发展壮大。

二、呼和浩特市共享单车发展现状

呼和浩特市是内蒙古自治区运营共享单车的重要城市之一。2017 年，企业经营共享单车市场的局面被打开，众多品牌的共享单车出现在大众的视野。短短 5 年，共享单车在呼和浩特市就取得了迅猛发展并不断更新迭代，它的出现也让市民的出行更加便捷。

1. 呼和浩特市共享单车品牌数量

2017 年，呼和浩特市第一批共享单车投放市场。截至 2021 年 8 月，在呼和浩特市市区备案并运营的共享单车企业有 5 家，目前市区共享单车投放总量控制在 16.1 万辆以内（含电动车 5.6 万辆）[①]。笔者对呼和浩特市使用共享单车的居民进行了随机访谈，访谈人数为 150 人。

2. 呼和浩特市共享单车流量情况

笔者分别选取内蒙古人民医院、内蒙古肿瘤医院、内蒙古国际蒙医院、内蒙古大学、内蒙古农业大学、内蒙古师范大学、维多利摩尔城、维多利海亮广场、万达广场为实地观测点。在医院附近观测点发现，使用共享单车的高峰期集中在 8:00—9:00、11:00—14:00、17:00—19:00 3 个时段；在学校观测点发现，使用共享单车的高峰期为 8 个时段，主要集中于上学、下课、放学及进行跨校区流动的时候；在商场观测点发现，使用共享单车的高峰期比较平稳。总体来讲，商场的流量大于医院和高校；高校的流量波动较大，波动幅度比商场、医院大；医院的流量波动相对平稳。

3. 呼和浩特市政府规制行为

（1）规范停放，重点整改。目前，共享单车的发展引起了政府部门的高度重视，呼和浩特市采取了发达城市普遍采用的共享单车运营模式，即在固定区域内定点还车。呼和浩特市城市管理综合行政执法部门采取了现场核查督导、

① 资料来源：呼和浩特市人民政府。

随机抽查等一系列有效措施，对共享单车的乱停乱放问题进行整改。针对高校地区共享单车乱停乱放严重的现象，交通管理部门和城市管理综合行政执法部门对高校地区的共享单车进行重点查处和没收。同时，要求各共享单车企业对此现象进行整改，并按地区需求进行有效投放并缩减投放量。高校地区的共享单车数量从 2017 年的 23 万辆减少到 2021 年的 16.1 万辆。共享单车企业对共享单车的投放实现常态化管理，高校地区共享单车乱停乱放现象得到改善。

（2）立法规制，进行整顿。为了规范共享单车有序健康发展，倡导市民绿色低碳出行，保障各方合法权益。2020 年，呼和浩特市人民政府办公室发布了《关于规范互联网租赁自行车发展的实施意见（试行）》，坚持以服务为本、规范有序、鼓励创新、属地管理和共享共治的指导原则规范共享单车企业的经营行为①。要求企业遵守相关法律法规，自觉接受政府相关职能部门的监督和管理。与此同时，中国人民政治协商会议呼和浩特市委员会和呼和浩特市人民代表大会对呼和浩特市交通管理部门进行提案与质询，监督共享单车治理工作。

（3）行政执法，强化治理。2022 年 9 月，呼和浩特市政府要求规范共享单车的停放，对乱停乱放共享单车的违法行为进行整治，重点对停放点进行检查。同时，着重检查商圈范围内的违法行为。各区城市管理综合行政执法部门共计立案 64 件②。除此之外，呼和浩特市公安局交通管理支队还以市区主要交通路口、主次干道，以及医院、学校、商贸综合体、商场超市等的周边区域为重点进行排查。

三、呼和浩特市共享单车存在的问题

（一）政府监管难落地

虽然呼和浩特市人民政府在共享单车进入呼和浩特市伊始就不断升级管理手段，积极治理共享单车所引发的一些负面问题，但从治理结果来看，只是改善了单车乱停乱放的现象，离整洁有序的市容管理要求还相去甚远，在治理过程中仍然暴露出许多问题。

各执法部门只能通过零散的专项活动开展整治，处罚力度不足。根据呼和浩特市城市管理综合行政执法局案件办理系统的资料，城市管理综合行政执法部门在过去几年查处的单车企业“占用城市道路”违法行为数量较少，与共享单车企业违规投放、乱占道等行为的实际发生数量相比，处罚力度不

①② 资料来源：呼和浩特市交通管理局。

大。此外，绝大多数受访者表示曾看到骑行者在人行道或机动车道骑行、逆行、骑车载人等违法行为，也从侧面反映出交通管理部门对共享单车骑行者的交通违法行为重视程度不足。有关部门一般都是在大型整治行动中顺带查处单车用户的一些违法、违规行为，较少有专门针对自行车交通违法行为的整治管理行动，并且整治行动范围一般都是针对重点路段、路口开展的，对次要道路、小路等的整治行动较少。同时，政府部门对单车企业的监管形式单一，日常监管治理不到位，管理方式简单粗暴。自2017年起，随着单车企业在呼和浩特的发展，市民对品质好、经营质量佳的单车品牌有了更多偏好。但相关部门尚未出台一个综合考评系统对准入企业做动态的评估，以及时调整管理政策。

（二）企业基础设施建设不完善

在共享单车快速发展的背景下，呼和浩特市的共享单车治理模式日趋完善，但依旧有一些问题不能在短时期内得到解决。在共享单车停放区域规划方面，很多访谈对象认为停放点设置位置不合理；有人认为停车区域数量设置不合理、停车距离不精准，仍有车停在停车点外的非机动车道上；还有人认为停车点设施维护不到位、区域不明显等。

（三）公众保护共享单车的意识薄弱

公众是共享单车的受众，公众道德素质的高低也会影响共享单车的使用情况与共享单车的市场走向。在共享单车的实际应用中，部分用户不能自觉爱护共享单车、不能文明停放。而共享单车的“共享”性质决定了这个行业需要所有用户的大力支持和共同维护，需要公众树立爱护共享单车的意识。

在现在的治理中，无论是政府还是企业都倾向于硬件建设与制度建设，对于人的文明素质与公众的道德素质建设重视不够。目前来看，要想实现对共享单车的保护，对公众道德素质的培养与关注不可忽视，提高公众在共享单车治理方面的素养将有助于整个共享单车行业的发展。

四、呼和浩特市共享单车治理的对策

政府、企业、社会作为共享单车的参与主体，三者的互动与合作影响着共享单车的使用成效。要想使治理更加有效，需要各方积极参与对共享单车的治理行动，加强协作和互动（图1）。在实际运行中，政府要强调共享单车的公共利益，保护共享单车的投放和使用，同时要监管共享单车企业的行为，为企业的共享单车运作减轻负担；企业需要完善基础设施建设和共享单车投放的精准度，为政府的执法提供支持；公众一方面需要通过信息沟通渠道对企业和政府提出关于共享单车的意见和建议，另一方面需要提高保护共享单车的意识。

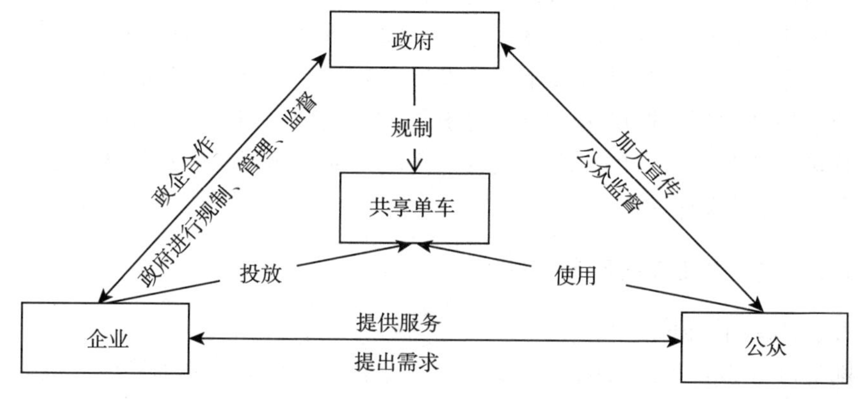

图 1　共享单车参与主体的互动

（一）政府加强监管，构建三者关系

高度的信任是整个治理体系顺畅运行的必要前提，是开展合作的基础。参与主体间缺乏信任会增加治理与监管的成本。各参与主体间的利益冲突、文化差异造成主体间信任基础薄弱。为改变这种状况，必须采取措施提高信任感、改善合作伙伴关系。

1. 加强监管，明确岗位职责

政府必须切实做到维护公共利益和对公众负责，收集、整理各方的建议与意见，制定合理的共享单车规制文件与政策。了解各辖区范围内的共享单车实际需求与供给状况。如果政府管理部门对共享单车投放的具体情况了解不充分，就无法对共享单车整体运营情况进行评估，也不利于对共享单车的限投、限停、集中清理和合理规划。应该通过数据共享，利用各方力量，让政府可及时掌握共享单车的发展情况，形成政企共同治理的新局面。与此同时，借助政府网站、微博、社区微信群、公众号、小程序，以及广播、电视、报刊等媒体，将政府的相关政策及时传递给企业和社会，也可以定期将共享单车治理情况在政府管理部门的官网进行公开，以便公众及时了解情况并提出反馈意见。政府还应该明确各方的职责划分，在共享单车治理中对企业进行监管，确保行动不偏离目标。如果各个主体在参与治理时不明确各自的职责，不清楚在实际操作中具体应该干什么，就难以形成风险共担的责任机制，公共利益就无法得到保护。在共享单车治理中，应明确划分政府、企业与社会公众等主体的责任，厘清责任范围。

2. 协调各方，构建良好关系

政府要在三者中起到桥梁作用，协调好各方的沟通，做好关于共享单车的交通规划，主动宣传规范细则。提出各方都认可和合理的方案与政策，扮演好牵头人的角色，使各方能够积极配合，共同保障共享单车行业的良性运营、健康发展。帮助共享单车经营企业明确发展方向与运营思路，让共享单车用户参与协同治理并发挥积极作用。政府也需要改变传统的作为上级管理者的态度，与共享单车企业和共享单车用户进行平等的沟通，构建三者良好关系是促进共享单车良性运营的重点。

（二）企业加强各项建设

1. 加强基础设施建设

随着呼和浩特市经济的进一步发展，呼和浩特市的交通拥堵已经成为一个长期性问题。共享单车的出现在一定程度上缓解了呼和浩特市交通拥堵问题，同时共享单车还具有方便、环保、节能等一系列的生态效益。共享单车基于互联网，提供了高质量的交通服务，掀起了绿色出行浪潮。共享单车满足了人们的出行需求，也符合绿色、生态、共享的发展理念。共享单车企业应对共享单车的基础设施进行合理的建设，以达到共享单车的效益最大化。

一方面，加强共享单车平台的数据基础设施建设。数据基础设施建设的核心在于构建一个高质量的共享单车服务平台，以方便用户使用共享单车。数据基础设施的基础是网络，其关键在于判断和定位，通过精准定位的实施来规范用户的行为、规范共享单车的停放，精准实现用户与共享单车的双向联动。加强技术的应用，促进数据基础设施的建设，共享单车面临的问题才有可能得到解决。

另一方面，加强共享单车硬件设施的建设。当平台把每一个共享单车用户的数据都汇集到云端的时候，平台就可以对呼和浩特市的交通状况进行分析优化，避免交通拥堵路段因乱停乱放共享单车而加剧堵塞。通过建设共享单车的硬件设施，对呼和浩特市的整体交通运营情况进行改善，将共享单车停车点规划在相对空旷、相对容易引导的路段，实现整个交通系统全局最优和共享单车用户个体最优的动态平衡。

2. 加强制度体系建设

共享单车的制度体系建设应更加科学合理。有效的制度管理体系是协调用户与企业的最有效手段，也是解决共享单车问题的有效手段。所以，共享单车企业要通过共享单车制度体系科学、规范地管理用户，使其更好地遵守共享单车的使用规范。

制度体系的建设要与政府目标一致，必须符合呼和浩特市政府的相关规定，不能损害居民的公共利益。共享单车企业建立的各项规章制度应直接面对广大共享单车使用者，考虑他们的切身利益和经济效益，同时规章制度的发布应更规范、透明，通过合适的方式进行公开和接受监督。

制度体系的建设要随着呼和浩特市的实际情况而逐步变化。制度体系需要不断地修改和完善，否则，一成不变的制度体系会成为阻碍呼和浩特市共享单车发展的瓶颈，妨碍交通的发展。要对共享单车管理人员的工作流程进行科学、统一的规范，以提高市容的规范管理水平。此外，还要设立奖惩机制和随机抽查制度。只有加强制度体系建设，提高共享单车管理人员的执行力，才能破解呼和浩特市共享单车的现实难题，才能形成有序的环境，促进呼和浩特市共享单车企业的健康发展与不断壮大。

（三）加强公众的思想引导

呼和浩特市是内蒙古自治区的首府，经济、文化都比较发达。但共享单车投入使用后，给共享单车上私锁、共享单车乱停乱放、故意毁坏共享单车等问题时有发生，很大的原因在于公众没有保护共享单车的思想意识。呼和浩特市政府在加强共享单车治理的过程中，应努力让公众共同参与治理，促进共享单车使用者和共享单车企业的沟通与合作，培养公众爱护共享单车的意识。

1. 加强网络宣传

社区、街道等部门可以进行定期宣讲，宣传“保护共享单车就是保护居民共同利益”的理念。网络媒体是公众接收新闻信息的主要来源之一，通过加强网络媒体的建设，以网络为平台宣传保护共享单车的理念，确立正确的宣传导向。同时，注重引导方式，将单向的灌输变为双向的交流。生硬的宣传教育方式会导致公众的逆反心理，因此，应潜移默化地转变公众的思维方式，鼓励他们对保护共享单车提出自己的想法，自发参与保护活动。

2. 将保护共享单车的教育融入校园文化

一方面，应该利用网络新媒体等，将“共享单车具有公共利益属性，因此需要加以保护”的理念融入高校校园文化教育，将保护共享单车的意识融入高校学生的生活与学习中；另一方面，广泛组织保护共享单车的专题演讲、共享单车骑行竞赛等活动。同时，将公众保护共享单车的典型事迹在网络新媒体、微信公众号上推送，以发挥榜样的示范带动作用，营造一个文明使用共享单车的校园文化氛围。

五、结束语

企业要与政府形成良好的互动机制，公众要加强保护共享单车的意识，政府应通过相关治理措施加强对共享单车的管理和监督。共享单车治理对于市容市貌的影响很大，呼和浩特作为内蒙古自治区的首府，加强市内共享单车治理在全区会起到良好示范作用。

论人才生态学视角下的农村实用人才队伍建设问题

——以内蒙古奈曼旗为例

白如意　乌云高娃

人才生态学的概念是沈邦仪教授于2003年首次提出的。人才生态学是从生态学的视野研究人才和人才生命运动与环境生态系统交互作用的规律及其机理的一门新兴边缘学科[1]。人才生态学把人才及其所处的环境（包括自然环境和社会环境）看作是一个具有耗散结构和协同作用的典型的生态系统。与自然生态系统不同的是，它主要研究人才与社会环境的关系。其目的在于通过生态环境的优化，使资源得到充分利用，进而实现人才、组织和环境系统最大的生态功能。依据人才生态学的原理，人才生态学所关注的问题是如何改善人才社会生态环境，以促进人才系统结构的优化、推动人才生态系统的可持续发展。

农村实用人才是实现农村现代化和乡村振兴的中坚力量，在农村现代化建设和乡村振兴战略中发挥着不可替代的重要作用。农业部于2011年公布了《农村实用人才和农业科技人才队伍建设中长期规划（2010—2020年）》，对农村实用人才的概念和建设等相关问题进行了系统阐述。该规划提出，农村实用人才是指具有一定的知识或技能，为农村经济、科技、教育、卫生、文化等各项社会事业发展提供服务、做出贡献、起到示范带动作用的农村劳动者。农村实用人才分为五大类，即生产型人才、经营型人才、技能带动型人才、技能服务型人才和社会服务型人才[2]。

2018年以来，国家专门出台《关于加快推进乡村人才振兴的意见》《现代农业人才支撑计划项目资金管理办法》以及历年《农业农村部人才工作要点》等文件，多次强调建立健全农村实用人才社会生态环境建设问题。然而，当前农村实用人才队伍建设中仍存在总量不足、结构不合理、素质不高、技能不强、培训条件差、手段落后、队伍不稳等问题[3]。本文运用问卷法、典型访谈法、统计分析法对奈曼旗农村实用人才队伍建设现状进行了调研，在此基础上，以人才生态学理论作为分析框架，分析当前农村实用人才队伍建设中存在的问题及其成因，进而提出改善农村实用人才社会生态环境以优化农村实用人才队伍建设的建议。

一、奈曼旗农村实用人才队伍建设现状

奈曼旗是典型的以农业为主、牧业为辅的半农半牧业地区。全旗辖 14 个苏木（乡、镇）355 个嘎查（社区、村）。根据第七次全国人口普查数据，截至 2020 年 11 月 1 日，全旗常住人口中农村人口有 24.4 万人，占全旗总人口的 64.98%①。奈曼旗耕地面积为 197.1 万亩，种植玉米、水稻、向日葵、荞麦等 20 多种农作物。该旗出产的生态有机荞麦米、奈曼小米和老哈河大米名扬全国，并称“奈曼三米”。2020 年，奈曼旗粮食总产量为 11.65 亿千克。全旗牧草地面积为 141.1 万亩，2020 年牲畜存栏总数达到 149.8 万头（只）②。

2018 年以来，奈曼旗响应党和国家的号召，制定和实施了一系列有关农村实用人才队伍建设的政策措施，秉持招才引智和培养本土人才有机结合的理念，着力破解乡村振兴中人才总量不足、成长空间受限、结构失衡等问题，助力乡村振兴。尤其是 2021 年，奈曼旗围绕建立高层次人才储备库，分层分类培训，建立健全人才的培训、服务、激励机制等，大力开展农村实用人才队伍建设，取得了良好的效果。

首先，建立高层次人才储备库。奈曼旗通过对乡土人才走访排查、宣传引导，聚焦有绝活的“田专家”“土秀才”等，建立了“乡土人才库”，将 17 483 位农村实用人才纳入库中进行动态跟踪管理。同时，立足农村的实际需求，精准对接外出务工返乡人员、大学毕业生，建立了农村高层次人才“储备库”。

其次，开展分层分类培训。根据乡村振兴对不同层次人才的需求，依托科技园区、产业基地、龙头企业等载体，通过人才的就地培养、吸引、提升等方式，有针对性地开展人才的分层分类培训，集中力量打造高质量的人才实训中心、实训基地，实施乡土人才能力提升计划、新农村实用人才孵化计划等。利用北京新城职业学校、奈曼旗农业技术推广中心等单位提供的培训平台，选派嘎查（社区、村）两委成员、高素质农牧民、农村致富带头人、专业技术人才，结合“线上+线下”“培训+传授”“培训+资助”等多种形式展开培训。截至2021 年6 月，全旗已培训各类乡村人才 1 000 人次，一批技术型、知识

① 资料来源：奈曼旗第七次全国人口普查公报［EB/OL］.（2021 - 06 - 18）. http：//www.naimanqi.gov.cn/nmq/tjxinxi/2021 - 06/18/content _ ca92df785f8c43608b4430f91331246b.shtml.

② 资料来源：2021 年奈曼旗政府工作报告［EB/OL］.（2021 - 3 - 20）. http：//naimanqi.gov.cn/nmq/fzgh/2021 - 03/20/content _ 4625dab1cdf84e5d83ffe3d01a75c9ef.shtml.

型、创业型农民成为增收致富的领跑者①。

最后，建立健全人才的培训、服务、激励机制。出台《奈曼旗鼓励引导人才向艰苦边远地区和基层一线流动实施方案》，建立人才培养机制、人力服务机制、人才激励机制“三个机制”，推动乡村人才振兴工作。结合党史学习教育开展“我为群众办实事”实践活动，构建乡村人才上下联动、左右协同的工作格局，组织专业技术人才队伍深入基层，实现第一书记、选调生和专业技术服务人才“三才全覆盖”，为广大农牧民提供现场指导和技术服务，解决群众的实际困难。

为了调查奈曼旗农村实用人才队伍建设现状，笔者在奈曼旗选择了3个苏木（乡、镇），在农村共发放600份问卷，回收有效问卷572份，有效问卷占比达到95.33%。被调查者中，男性275人，女性297人。其中，18～30岁人员68人，31～40岁人员77人，41～50岁人员153人，51岁及以上人员274人，分别占总样本数的11.89%、13.46%、26.75%、47.90%；初中及以下学历人员402人，高中和中专学历人员75人，大学及以上学历人员95人，分别占总样本数的70.28%、13.11%、16.60%；家庭人均年收入在1.0万元以下的受访者有67人，家庭人均年收入在1.0万～2.0万元的有417人，家庭人均年收入在2.0万元及以上的有88人，分别占总样本比11.71%、72.90%、15.38%（表1）。

表1 被调查者的基本信息

项目	样本特征	频数（人）	占比（%）
性别	男	275	48.08
	女	297	51.92
年龄	18岁以下	0	0.00
	18～30岁	68	11.89
	31～40岁	77	13.46
	41～50岁	153	26.75
	51～60岁	271	47.38
	60岁及以上	3	0.52
文化水平	小学	218	38.11
	初中	184	32.17
	高中	32	5.59
	中专	43	7.52
	大学	94	16.43
	研究生及以上	1	0.17

① 资料来源：奈曼党建. 以乡村人才助力乡村振兴［EB/OL］.（2021-09-11）. https://www.thepaper.cn/newsDetail_forward_14466268.

（续）

项目	样本特征	频数（人）	占比（%）
家庭人均年收入（净收入）	1.0万元以下	67	11.71
	1.0万～1.5万元	191	33.39
	1.5万～2.0万元	226	39.51
	2.0万元及以上	88	15.38

问卷主体部分主要从实用人才培训、引进、服务、激励保障、资格认定等方面对农村实用人才队伍建设情况进行调查。在培训方面，通过调查发现，只有83人回答参加过实用人才培训，占比为14.51%。这83个参训人员大部分年龄在41岁及以上，主要参加了生产型和技术型实用人才的相关培训，且培训以现场讲座和远程授课为主、印发材料自主学习为辅的形式进行，培训内容主要为种植和养殖相关专业知识。问及是否有意愿参加农村实用人才培训时，67.64%的人表示有参与意愿。在资格认定方面，目前主要有高素质农民的资格认定。此外，在对当地相关部门人员的访谈中了解到，2020年全旗开展人才“双选会”“暖春行动”等人才招聘会活动，共引进高层次人才57人①，并提供住房、户口、医疗等方面的保障；通过制定并实施“奈曼英才”工程，累计兑现300余万元人才培训资金②。总之，奈曼旗农村实用人才队伍建设取得了一定的成果，截至2021年，全旗农村实用人才占该旗农业人口的7.15%，高于全国平均水平，但仍然存在诸多问题，亟待解决。

二、奈曼旗农村实用人才队伍建设中存在的问题

按照人才生态学的理念，一个完善的人才生态系统应具备一般生态系统所具有的整体性、协同性、动态性、开放性、异质性等特征。对照人才生态系统的上述特征，笔者发现奈曼旗农村实用人才队伍建设面临的问题主要表现在以下几个方面：

（一）农村实用人才队伍呈现整体性失衡

目前，奈曼旗农村实用人才队伍建设中仍然存在着整体性失衡问题，主要表现在以下两个方面：

① 资料来源：通辽党建．奈曼旗多策并举 广开门路引才［EB/OL］.（2020-08-06）. https：//mp. weixin. qq. com/s/1uUHj1H1BQnF9xNgRwZ1RQ.

② 资料来源：颜景广．奈曼旗“筑巢引凤”服务县域经济发展［EB/OL］.（2020-07-30）. https：//mp. weixin. qq. com/s/puzf7ZhFF9DjaOd3uB-gtw.

1. 数量失衡

在人才生态系统中，人才数量是制约人才队伍整体性建设的关键因素。奈曼旗是以农业为主、牧业为辅的典型农牧业旗（县）。2021 年，全旗农村实用人才达 2 万余人，但农村实用人才仅占农业人口的 7.15%，远不能满足当前奈曼旗农村牧区发展的需求。调查中发现，在被调查的 3 个苏木（乡、镇）572 个被调查者中，仅有 83 人为农村实用人才，占被调查者的 14.51%。在奈曼旗黄花塔拉苏木访谈时了解到，当地合作社农户以种植小米、红辣椒、红薯、向日葵等农作物为主，虽然有专业技术顾问来指导如何栽种、施肥、喷农药等，但专业技术人员少，不能及时提供服务的现象时有发生。

2. 结构失衡

人才结构是指人才生态系统各个要素之间的构成及比例。人才结构合理与否直接影响农村实用人才队伍建设的质量。当前奈曼旗农村实用人才队伍结构失衡主要表现在以下三个方面：①年龄结构失衡。调查发现，在被调查的 3 个苏木（乡、镇）83 名农村实用人才当中，41 岁及以上人员有 65 人，占比为 78.31%；40 岁及以下的人员只有 18 人，占比仅为 21.68%。②文化结构失衡。一个人的文化程度对他学习、掌握并运用新技术有直接影响。调查发现，被调查的 83 位农村实用人才均为初中、高中及中专学历，分别为 33 人、22 人、28 人，大专及大学学历的无一人。③类型失衡。调查发现，被调查的 83 人中生产型和技能带动型实用人才最多，占比分别为 36.14%和 31.33%，而经营型和社会服务型的实用人才占比仅为 6.02%和 7.23%（表 2）。在人才生态系统中，各类人才以及人才所在的自然环境和社会环境都构成了人才系统的营养结构。由上述可见，奈曼旗农村实用人才无论是在年龄结构、文化结构还是类型结构方面都存在失衡现象，因而难以形成人才系统的有机营养结构。

表 2　被调查区域的农村实用人才结构

项目	样本基本特征	频数（人）	占比（%）
年龄	30 岁以下	6	7.23
	30～40 岁	12	14.45
	41～50 岁	52	62.65
	51 岁及以上	13	15.66
文化水平	小学学历	0	0.00
	初中学历	33	39.76
	高中学历	22	26.51
	中专学历	28	33.73
	大学学历	0	0.00

（续）

项目	样本基本特征	频数（人）	占比（%）
实用人才类型	生产型	30	36.14
	技能带动型	26	31.33
	技能服务型	16	19.28
	经营型	5	6.02
	社会服务型	6	7.23

（二）实用人才队伍建设开放性不足

保持对外开放是一切有活力的生命系统生存和发展的基础条件。人才生态系统也是如此，必须不断从外界复合环境“获取”和“释放”人才，才能实现人才系统的优化。近年来，为了优化农村实用人才队伍，奈曼旗积极探索“走出去、引进来”的人才引进模式，主动赴高校开展人才招聘会，并组织优秀人才到外地考察学习。然而，目前的开放性还不能实现“智力放大效应”。人才引进不仅有户籍限制，而且人才引进的各项激励保障措施滞后，无法吸引优秀的人才。去外地学习的经费高，加上频率、人数受限制，农村实用人才去外地学习取经的机会少之又少。访谈中了解到，去经济发达地区学习的机会更多倾向于高层次技术人员和科研人员，多数人只能在邻近旗（县）学习，或者只能在本旗参加培训。如果不能与外界进行思想的交锋和观念的碰撞，就难以深化认识、更新观念、提升技术技能，也难以实现农村实用人才队伍的优化升级。正如李枭鹰等（2018）指出的，世界上没有一种生命有机体是可以孤立存在的，都必须依赖周围的环境，不断与周围环境进行物质、能量和信息交换，否则难以长久生存[4]。

（三）农村实用人才队伍建设协同进化不佳

人才生态系统是一个具有耗散结构的有机生命系统，系统中的各类因子之间具有相互关联和协同进化的特征。奈曼旗实用人才培训尚未形成系统化的培训体系，而且培训主体、培训对象、培训内容、培训方式之间不具有密切的相互关联和协同进化的协同效应。这主要表现在以下几个方面：

1. 培训对象单一

调研中笔者了解到，当前奈曼旗农村实用人才培训对象主要是高层次技术人员、农牧业专业合作社的管理人员及建档立卡困难户，大量的实用人才被排斥在培训系统外。调查发现，被调查者中只有 83 人参与过农村实用人才培训，占比为 14.51%。同时在访谈中了解到，对返乡创业的大学生和 40 岁以下的年轻人的培训没有受到相关部门的重视。

2. 培训内容单一

通过调查及访谈了解到，当前奈曼旗重点围绕当地特色种植业和养殖业开展防治植物病虫害、动物疫病等培训，占比为68.56%，而对铁艺、木艺、刺绣、装修等副产业人才进行的培训较少，其占比仅为19.07%（表3），这不能很好地满足农村发展的内生需求。农民既需要掌握种植业、养殖业等主导产业的知识，也需要学习一些副产业的知识。

3. 培训效果不佳

奈曼旗通过现场培训、农家课堂、印发材料等形式培训农村实用人才2万余人。但年龄较大且文化水平不高的农民吸收和转化这些专业性强的理论知识的效果并不是很理想。调查发现，参训的83人主要以现场授课、远程授课和印发材料自主学习等形式参加了相关培训。但事实上，更多的人希望参与实地操作指导和参观学习形式的培训（图1）。人才生态系统中，人才通过培训、实践等方式实现能量的吸收、交换、传递、转化，形成生命力繁荣稳定的生态系统。如果培训培育不能良性运转，那么人才就无法实现能量的吸收与转化，继而出现人才生态系统的枯竭现象。

表3　被调查的农村实用人才培训内容

培训内容	频数（人）	占比（%）
种植、养殖等	71	36.60
农机维修、植物病虫害防治、动物防疫等	62	31.96
铁艺、木艺、刺绣、装修等	37	19.07
人才、组织、管理等	11	5.67
文体、社保、就业等	13	6.70
合计	194	100.00

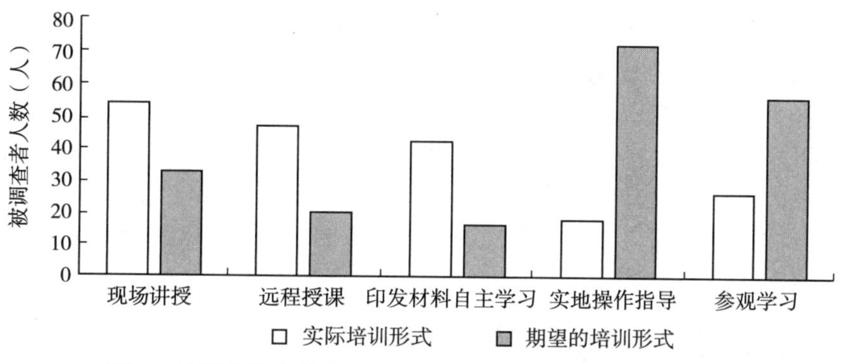

图1　被调查的农村实用人才的培训形式和期望的培训形式

三、制约农村实用人才队伍建设的问题成因

美国心理学家勒温（K. Lewin）提出了个人与环境关系的公式：$B=f(P, E)$。他认为，一个人所能创造的绩效（B）不仅与他的能力素质（P）有关，还与其所处的环境（E）有密切关系[5]。薛建良等（2018）的研究也表明，影响农村实用人才成长与发展的具体因素包括资源禀赋、组织管理、基础设施和支持政策等[3]。从人才生态学的角度思考，人才生态系统的社会环境（包括经济、政治、文化等）是影响农村实用人才队伍建设的重要因素之一。人才生态系统的社会环境架构主要由三个层次构成，即基础层次、中间层次和最高层次（图 2）。

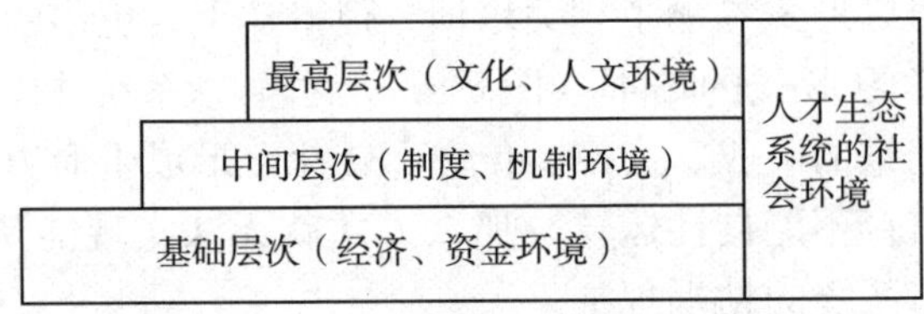

图 2　人才生态系统的社会环境架构

（一）人才思想观念落后

思想观念属于人文环境，在人才生态环境架构中位于最高层次，是人们行为的准则。在农村实用人才队伍的建设中，政府部门、基层自治组织、村民等各类群体的思想观念是影响实用人才队伍建设的发展方向、发展水平及成效的关键因素。当前，基层政府更重视招商引资、发展经济等工作，而对人才队伍建设重视不够。在农村实用人才队伍建设环节中，政府部门及村委会对实用人才队伍建设的相关政策、培训内容、带来的效益等宣传不到位，致使基层社会还未能形成"人才兴则乡村兴"的共识。大部分村民安于现状，对新观念、新知识的接受意愿不够强烈，甚至有些人还相信"读书无用论"。即使是一些种植、养殖大户，也缺乏积极、主动学习先进的专业知识和技能以更快、更好地发家致富的开放意识。另外，传统的"铁饭碗"思想、对返乡创业的发展前景持怀疑态度的看法仍然普遍存在，致使返乡创业的大学生很少。受各类群体传统、固化的思想观念的制约，农村实用人才生态系统难以实现优化升级。

（二）人才发展制度建设不健全

制度是人才生态建设环境架构中位于中间层次的要素。制度因素指导、规

范人才生态系统，能够为人才生态系统带来“温室效应”。大量的研究表明，社会福利政策的出台力度与人才发展直接相关[6]。当前，农村实用人才队伍建设中，各项激励保障制度的缺失阻碍了农村实用人才队伍建设中“温室效应”的出现。笔者对被调查者的背景信息进行梳理时发现，有大学及以上学历的被调查者仅占16.60%（表1）。在进一步访谈中了解到，只有4%左右的大学生愿意在农村创业发展。这种现象背后既有大学生自身思想观念方面的原因，也有制度政策方面的原因。其中，地方政府农村实用人才激励保障制度不完善、实用人才培养及人才评价机制等不健全、实用人才服务体系有待健全等问题是制约农村实用人才系统开放性及协同性发展的重要因素。因此，如何完善地方政府农村实用人才激励保障、培养发展、评价等各项制度，进而为农村实用人才系统带来“温室效应”，是我们迫切需要解决的问题。

（三）人才资金投入模式单一

资金是人才生态社会环境架构中位于基础层次的要素，是人才生态系统发展的基础性要素。当前，国家虽然高度重视农村实用人才队伍建设问题，但农村经济基础相对薄弱，地方政府难以投入大量的经费用于农村各类实用人才的培训、引进、激励、保障等方面。政府层面资金投入不足使得实用人才培训难以大规模、系统性地展开，使得优秀人才引进和人才激励、保障的各项工作难以有效展开，也使得大学生及返乡农民的创业项目难以落地。不仅如此，企业和社会组织等社会层面的力量参与农村实用人才队伍建设不够，还未形成多元投入模式。显然，仅仅依靠政府单方面的有限投入，是不能满足农村实用人才队伍建设的庞大的经费需求的，也难以发挥政府投入对农村实用人才队伍建设的基础性作用。

（四）农民的经济收入微薄

经济收入也是人才生态环境架构中基础层次的要素。薛建良等（2018）的研究表明，经济收入水平是影响农村实用人才成长发展的重要因素[3]。以奈曼旗为例，该旗农民人均纯收入低于全国平均水平，加之部分地区连年受干旱、水灾等的影响，农民整体经济发展水平不高。笔者对被调查者的收入及参训意愿进行回归分析发现，农民的家庭收入水平对农民参加培训意愿有一定的影响。在无偿参训的情况下，农民的参训意愿很高；在有偿参训的情况下，农民的家庭年收入与农民的培训意愿之间存在正相关关系（$R^2=0.884\,4$）（图3），即农民的家庭年收入水平越高，参加培训的意愿也越高。可见，农民的家庭年收入水平影响农村实用人才参训意愿，进而影响着人才生态系统的协同进化及整体性、开放性水平。

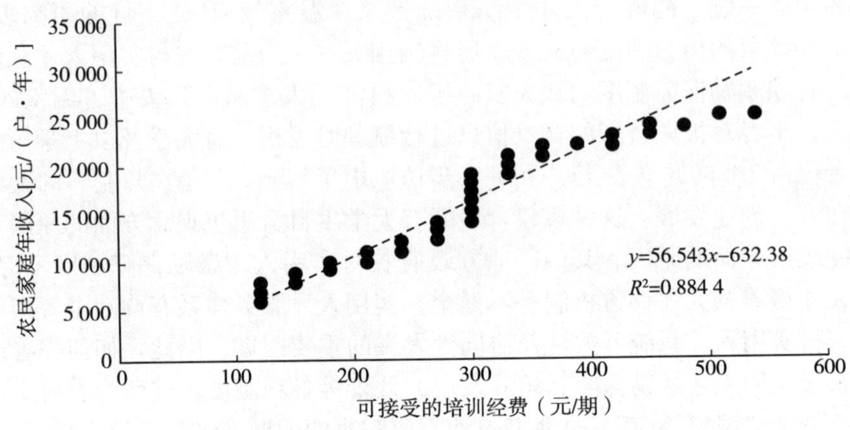

图 3　收入对农村实用人才培训意愿的多元回归

四、加强农村实用人才队伍建设的对策

任何人才的成长和发展都是在一定的环境中发生的，环境为人才提供了成长的土壤和发展的舞台。人才生态环境决定着农村实用人才队伍建设的成长条件、运行状况和发展方向等。顾然等（2017）指出，良好的社会生态环境能够满足人才生存和发展所需的各种物质需求，可以为人才提供舒适、安全的生存环境，增强人才在本地区生活、工作的满足感和幸福感，甚至让人才产生强烈的工作意愿和动力，从而主动提高其自身素质和技能[7]。

（一）转变观念，营造浓厚的人才发展文化氛围

首先，转变观念，树立“人才兴则乡村兴”的理念。地方政府要改变只重视招商引资和经济发展的单一、固化的观念，树立“人才兴则乡村兴”的理念，重视农村实用人才队伍建设，广泛营造重视人才的文化氛围。同时，加大宣传教育力度，让农民真正理解实用人才对实现农业现代化、实现乡村振兴的驱动作用。

其次，农民对自己进行重新定位。农民要转变思想观念，重视新型知识、先进技术在农业现代化发展中的重要作用，进而有效发挥现代化建设的主力军作用。尤其是种植、养殖大户要带头学习先进的专业知识和技能，整合资源，实现共同富裕。

最后，大学生要打破传统的“铁饭碗”观念，扎根农村，为乡村振兴助力。

通过政府部门、基层组织、农民、大学生等各类组织和群体的共同努力，营造农村实用人才队伍建设的浓厚文化氛围，进而为农村实用人才队伍建设整

体性、开放性、协同性发展提供必要的思想观念基础。

（二）完善制度，提供优质的制度环境

在暂时不能彻底改变影响人才成长的外部大环境的情况下，应推行特殊的人才政策，采取特殊的措施，营造出一个适合所需人才成长的小环境。研究表明，一个国家或地区的人才政策环境决定了人才聚集的速度和程度[8]。因此，重视顶层设计，优化农村实用人才队伍建设的相关制度政策，为聚集优秀人才提供良好的制度环境。制定鼓励性政策，为自主创业的年轻人和返乡大学生在创业资金、创业项目、营业执照等方面提供绿色通道。在制定培训规划时，关注自主创业的青壮年和返乡大学生，让其真正加入到农村实用人才队伍中，以解决人才生态系统整体性失衡与协同进化的问题。出台人才引进相关政策时，通过取消户籍限制和完善住房、医疗等配套措施，提高人才生态系统的开放性。完善评价机制，建立认定机构，明确认定程序和办法，采用分类分层激励政策等一系列措施来激发人才的积极性。扩大农村实用人才规模，优化农村实用人才结构，提高农村实用人才队伍整体性建设水平。

（三）加大资金投入，提供坚实的财力保障

建立多元化投入模式，拓宽融资渠道，加大农村实用人才建设资金投入，对于提高人才生态系统的整体性、开放性、协同性发展都具有重要意义。首先，各级政府每年要设立农村实用人才建设专项资金，充分发挥公共财政的职能作用。舒尔茨说："农业是经济增长的发动机，政府必须加大对农业的投资。政府在把握投资方向的同时，还要通过刺激的办法对农民给予指导和鼓励。一旦有了投资机会和有效的鼓励，农民将把黄沙变成黄金。"[9]其次，拓宽资金投入渠道，鼓励企业和社会组织参与。在政府财政有限的情况下，光靠政府的资金投入不能很好解决农村实用人才队伍建设的资金问题。需要动员企业和社会组织加入农村实用人才队伍建设，形成多元化资金投入模式，以筑牢人才社会生态系统的基础层次，为人才生态系统提供坚实的经济基础。

（四）提高收入，优化人才发展经济环境

农村经济环境的优劣直接决定其发达程度，进而影响农村实用人才队伍的规模化水平及协调发展。因此，加快农村经济发展、改善人民的物质生活条件，是建立良好的人才生态环境的基本保障。政府一方面要根据市场需求及当地资源优势等条件发展适合当地的特色农牧业产业，大力促进当地农牧业发展，另一方面要大力支持第二、第三产业的发展。随着机械化水平的提高，农民有大量的时间可以发展刺绣、装修等副业。因此，政府要加大对第二、第三

产业的人才培养力度，带动农民学习新型技术、技能，形成多元化生产经营模式，进而提高农民经济收入水平。经济收入水平的提高不但能够巩固人才社会生态系统的基础层次、提高农民的参训能力、促进农村实用人才队伍协同进化发展，而且能够弥补政府资金投入不足的现象。

五、结语

一个完整的人才生态系统的各组成要素不是彼此孤立的，而是相互联系并相互作用的。当前，国家高度重视农村实用人才队伍建设，但是农村实用人才建设的思想观念落后、制度建设不完善、资金投入单一及农民经济收入水平较低等因素的存在，导致农村实用人才队伍建设中出现农村实用人才数量少且结构失衡，人才队伍建设开放性水平不高、协同进化不佳等问题。这就需要从优化农村实用人才社会生态环境入手，通过创造良好的人才发展的文化氛围、提供良好的制度环境、加大农村实用人才队伍建设的资金投入、提高农民的经济收入等途径，为人才生态系统提供良好的经济保障，为农村实用人才队伍建设提供良好的人才生态社会环境，实现农村实用人才队伍建设的整体性、协同性、开放性、动态性发展，实现农村实用人才系统的平衡、有序、开放、协同发展，进而为实现农牧业现代化、实现乡村振兴提供优质的人才支撑。

参考文献

[1] 沈邦仪．关于人才生态学的几个基本概念［J］．人才开发，2003（12）：22-23.

[2] 中华人民共和国农业农村部人事司．农村实用人才和农业科技人才队伍建设中长期规划（2010—2020年）［EB/OL］．（2011-10-21）．http：//www.rss.moa.gov.cn/zcjd/201904/t20190418_6180275.htm.

[3] 薛建良，朱守银，龚一飞．培训与扶持并重的农村实用人才队伍建设研究［J］．兰州学刊，2018（5）：189-199.

[4] 李枭鹰，牛明军．大学人才生态系统建设的理念、机制与路径［J］．教育评论，2018（6）：3-7.

[5] 张德．组织行为学［M］．2版．北京：高等教育出版社，2003：135.

[6] 何佩龙．杨庆．基于模糊综合评判-PCA的沈阳市人才生态环境评价研究［J］．黑龙江生态工程职业学院学报，2021，34（3）：53-56.

[7] 顾然，商华．基于生态系统理论的人才生态环境评价指标体系构建［J］．中国人口·资源与环境，2017，27（5）：289-294.

[8] 李倩．北京CBD人才聚集环境效应及优化研究［D］．北京：首都经贸大学，2009.

[9] 舒尔茨 T W．改造传统农业［M］．梁小民，译．北京：商务印书馆，2006：5.

牧区基层畜牧兽医类人才振兴的现实困境与路径探索

——以巴彦查干苏木动物卫生监督站为例

阿斯娜　路冠军

随着我国畜牧业的迅速发展，牧区对畜牧兽医类专业人才的需求也越来越迫切。畜牧兽医类专业技术人员担负着防治畜禽疫病、保障国家畜牧业的持续发展和人民群众的食品安全等责任，在帮助牧民增收致富、保障公共卫生安全等方面发挥着重要的作用。但是，近些年我国基层畜牧兽医队伍中出现的一些问题严重地制约了我国畜牧业的发展。因此，加快基层畜牧兽医类人才振兴、加强对基层兽医专业技术人员的培养就显得非常重要。本文以巴彦查干苏木动物卫生监督站为例，分析牧区基层畜牧兽医类人才的现实困境，探索实现牧区基层畜牧兽医类人才振兴的途径。

一、牧区基层畜牧兽医人才的现状

（一）巴彦查干苏木的基本情况

巴彦查干苏木位于内蒙古赤峰市克什克腾旗北部，距经棚镇 120 千米，总面积 2 933 平方千米（440 万亩），下辖 13 个嘎查 2 个社区，总人口 4 077 户 9 128 人，其中常住人口 3 138 户 8 942 人，少数民族人口 7 954 人。全苏木以畜牧业为主导产业，2021 年牲畜存栏总数 30.88 万头（只），其中大牲畜 8.7 万头，小牲畜 22.18 万只。2020 年牧民人均收入达到 13 800 元。巴彦查干苏木草场面积约为 2 880 平方千米（432 万亩）。

（二）巴彦查干苏木畜牧业概况

巴彦查干苏木没有现代化的大型牧场，多为家庭牧场，以牧民家庭经营为主，极少数的家庭牧场组成合作社，规模相对大一些。这种家庭牧场一般仅由 1 人或夫妻 2 人经营，因地制宜，饲养牛羊，基础设施较为简单。

（三）巴彦查干苏木动物卫生监督站人员的编制情况

动物卫生监督站最基层的单位是苏木动物卫生监督站。巴彦查干苏木动物卫生监督站共有职工 37 人，其中 9 位为全额财政拨款事业编人员，28 位为防疫员。

（四）巴彦查干苏木动物卫生监督站人员的职责

1. 做好动物防疫工作

基层动物卫生监督站工作人员的工作重点包括：防控各种牲畜的疫病，同时还要密切关注最近的动物疫病动态，并做好相关的调查工作；掌握药物服用、肌内注射、隔离等措施，掌握对传染病的及时处置及治疗，从而保障牲畜的健康；观察牲畜的活动情况、饮食情况，并依据相关资料和牲畜的生长情况对疫病的防治情况进行分析。目前的动物疫病控制多采用注射疫苗的方式，按照牲畜的不同种类和年龄来防治常见的疾病，防止发生大规模的传染病。

2. 做好动物检疫工作

动物检疫是指对各种动物和产品进行疫病检查，并采取必要措施以预防和控制疫情，确保牲畜和人民的健康。

3. 做好牲畜改良的工作

牲畜改良工作是指种畜的鉴定与调剂、良种的登记以及改良与配种工作。通过对牲畜的改良，可以为牲畜提供优质的畜种，淘汰那些生产力低下、品质差的品种，提高牲畜的产量，确保牲畜的品质。

4. 确保畜产品的质量安全

基层动物卫生监督站工作人员要严格把关，确保牲畜的健康安全和畜产品的质量安全，为人民群众提供安全的畜产品。

总的来说，基层动物卫生监督站的工作人员每年同时在做动物防疫、检疫和牲畜改良、确保畜产品的质量安全等工作。同时，基层畜牧工作人员还要按时完成畜牧局和苏木政府交代的其他工作。

二、牧区基层畜牧兽医类专业人才的现实困境

（一）人才队伍专业化不足

巴彦查干苏木动物卫生监督站中大部分从事动物防疫、检疫和牲畜改良工作的人员文化水平不高，只能从事简单的技术工作（图 1）。由于文化程度低、知识含量不够，缺乏专业性，缺乏与时俱进的观念，本地区很多从事畜牧兽医的人员在工作中无法准确地、有针对性地判断某一种病情，导致不能及时对疫

病进行处理和控制。新的疫病出现后，一些工作人员对常见的疫病仍然应用几年前的防疫方法或者没有严格按照新的防疫方法进行防疫，导致预防措施的有效性大幅下降。此外，待遇低、任务重、工作环境脏等原因也使得很多人不愿意从事这项工作。总的来说，牧区基层畜牧兽医队伍专业化不足，导致工作较落后。

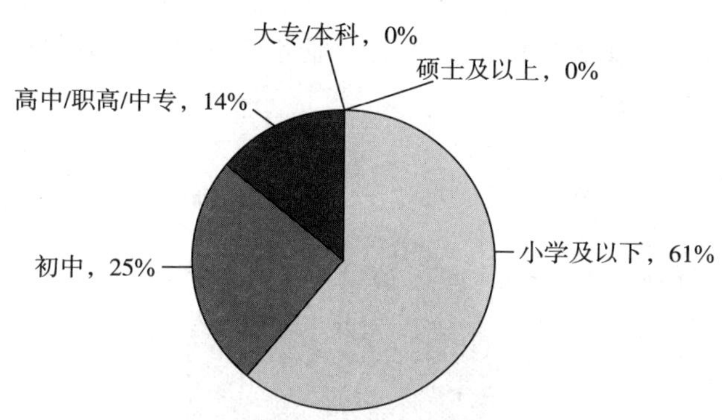

图 1　基层畜牧兽医技术人员受教育程度及占比

（二）人才断档现象严重

基层畜牧兽医专业技术人员的“断档现象”主要体现在以下三个层面：

（1）年龄断层。大部分工作人员年龄在 46～50 周岁，平均年龄为 48 周岁，还存在人员短缺情况。在岗人员显现出一定的老龄化倾向（图 2）。

（2）知识断层。从学历结构来看，基层畜牧兽医技术人员大多处于小学文化水平。这使得工作人员很难适应不断变化的疫病防控形势和产业发展需求。

（3）待遇断层。从调研中得知，2008 年以来，防疫员工资一直是 800 元/月，基层畜牧兽医技术人员的待遇与乡镇公务员相比有较大差距。在市场经济条件下，如何在“效率优先，兼顾公平”原则下体现基层畜牧兽医技术人员的“知识价值”，是稳定基层畜牧兽医类专业人才队伍时必须面对的重要问题。由于很长时期内基层畜牧兽医的待遇一直不高，加之工作辛苦、工作环境条件较差等，很多畜牧兽医专业的学生毕业后不愿从事畜牧兽医工作，转行到其他领域，导致基层畜牧兽医人才队伍出现短缺和新老断层，不能满足现代畜牧业发展的需要。

（三）人才队伍引进培育机制缺乏

基层动物卫生监督站的人才引进政策缺乏针对性及可操作性。首先，遴选人员的范围不大，尤其是在挑选合格的畜牧兽医人才的标准和范围方面存在着一定的局限性；其次，在分配体制上仍普遍实行“大平均、小差距”分配的体制，高层次人才的劳动价值、贡献、效益与分配比例不协调，优秀人才的价值得不到体现，作用难以得到充分发挥，职业发展空间窄；最后，培训资金短缺，严重制约了专业技术培训工作的正常有序开展，内蒙古自治区及下辖各市、旗（县）也很少组织开展专业技术系统培训，基层畜牧兽医专业人才队伍引进培育机制缺乏，畜牧兽医从业人员的业务理论水平没有得到提升、实践能力不足，很难发挥作用。

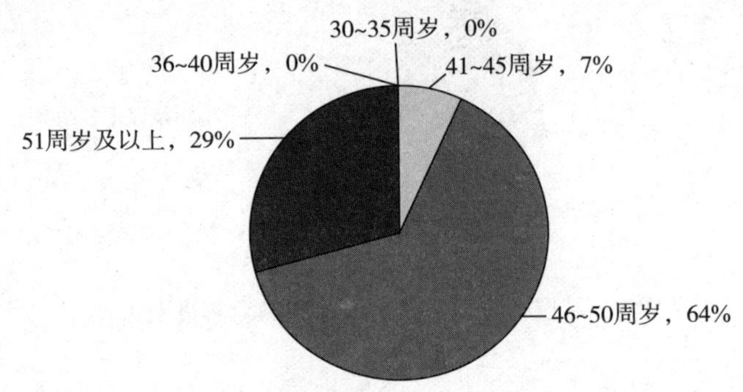

图 2　基层畜牧兽医技术人员年龄结构

三、牧区基层畜牧兽医类专业人才出现现实困境的原因

（一）基层工作人员任务重

该基层动物卫生监督站隶属于苏木乡（镇）畜牧局，办公经费、专项经费主要靠上级拨款，所以经费比较紧张，影响在基层开展的服务活动。2019 年 6 月末普查数据显示，巴彦查干苏木总共有牛 74 598 头、羊 272 959 只，其中绵羊的总数为 270 943 只，山羊的总数为 2 016 只。按照 1 头牛相当于 5 只羊单位来计算，巴彦查干苏木有 74 598×5＋272 959＝645 949（只）羊单位。相关政策规定，每个地区必须强制实行免费检疫，并且每一位防疫员应负责 5 000 只羊单位。巴彦查干苏木动物卫生监督站总有 28 位防疫员，所以每人必须负责 645 949 28＝23 070（只）羊单位，这一数量远远超出了每人负责 5 000 只羊单位的规定。此外，按照规定每只羊单位一年至少打 4 次疫苗。从这些数据可以看出该基层动物卫生监督站防疫员的工作量非常大，比规定的工作量超出好几倍。

（二）基层工作人员待遇偏低，保障机制缺失

国家统计局的数据显示，我国2020年的人均可支配收入是32 189元，农村居民人均可支配收入是17 131元。经调研了解到，该基层动物卫生监督站防疫员的工资自从市场化改革以来一直是800元/月，一年收入为9 600元。牧区的每户家庭之间距离较远，防疫员为了完成任务，每年开车的油费就有5 000元左右，这笔费用需要先自己垫付。另外，检疫工作是防疫员的基本任务，因此没有专门针对检疫的补贴。牲畜改良工作的报酬根据牲畜市场的价格来确定和调整，按次收费，目前，牛配种100元/次，羊配种30元/次。如果一个地区牲畜数量少的话，收入就低；牲畜数量多了，收入就高。巴彦查干苏木的牧民家庭彼此相距较远，基层工作人员不愿意花费大量时间去做改良配种工作，导致这项工作在偏远或欠发达地区很难开展，造成这些地区的牲畜改良工作滞后，越来越跟不上时代的步伐。超负荷的工作量加上偏低的待遇导致基层畜牧兽医人员流失严重，很多在职基层工作人员积极性不高，相关劳务或劳动保障纠纷时有发生，这给动物防疫工作埋下隐患。总的来说，待遇低、保障机制缺失，很难吸引优秀的技术人才来基层工作，造成人才流失。

（三）基层管理服务缺乏和专业技术培训缺乏

基层管理服务工作相对落后，缺乏专业技术培训。基层畜牧兽医专业技术人才培养与利用的脱节，造成了人才利用效率低下及人才紧缺、资源浪费等问题，影响了基层畜牧工作人员的工作热情。该基层动物卫生监督站的畜牧兽医技术人员文化水平普遍不高，有些人虽然在多年的工作中积累了一定的经验，但是面对较复杂的疫病和更规范的防疫要求就束手无策了。而经过专门培训的工作人员大多选择在县级单位工作，不愿意到基层工作，致使牧区基层畜牧兽医技术人才十分匮乏。

四、解决牧区基层畜牧兽医类专业人才困境的路径探索

（一）进一步提升队伍素质

内蒙古自治区下辖各市、旗（县）要建立兽医技术训练中心，有计划地开展形式多样、注重实用性的兽医培训工作。在定期的专业训练方面，要转变当前基层畜牧兽医技术人员专业水平不高的现状，通过专题研究、集中学习等方式，使畜牧兽医从业人员的知识结构得到更新、专业技能得到加强、工作水平得到进一步提升，以适应不断变化的动物防疫形势。兽医行政主管部门要进一

步强化基层畜牧兽医技术人员的政治理论、职业道德教育，积极指导和鼓励广大基层畜牧兽医技术人员做好本职工作。同时，基层畜牧兽医从业人员要切实履行好自己的职责，杜绝一切违法违规行为，推动畜牧业的健康发展。

（二）壮大基层畜牧兽医类专业人才队伍

主管部门应以工作量确定人员编制，目前人员流失、人员不充足的情况普遍存在，应精简非一线工作人员，充实基层专业技术人员。这样可极大地提高工作效率，使基层动物卫生监督站的工作人员能更好地服务于大众、更积极地投入到工作当中。有关部门应鼓励和支持青年技术人员参加基层防疫工作，改善他们的工作环境和福利待遇，壮大基层动物防疫队伍。同时，对长期从事动物防疫、检疫和牲畜改良工作的人员要定期进行培训和考核，更新基层畜牧兽医技术人员的知识结构和技术，稳定兽医人才队伍。

（三）增加基础设施建设投入并加强培训

构建一体化动物防疫网络，加强各地动物卫生监督机构间的联系，避免出现因信息不畅而导致动物卫生检疫出现问题。还应将动物防疫网格作为交流平台，实现资源共享，共同推动防疫事业的发展。通过加大资本投入力度和完善兽医工作基础设施，推动相关技术的发展与进步，优化畜牧兽医的工作质量，保障消费者的权益。畜牧兽医行业政策性强、任务重、要求高，为了适应我国畜牧业迅速发展的需要，强化基层畜牧兽医人才队伍建设，应注重对职业畜牧兽医技术人才的培养。按照“走出去”“引进来”的模式，定期安排畜牧兽医技术人员到外地进行调研，借鉴好的做法和先进的经验，在实践中进行推广和运用。定期选派年轻从业人员到相关机构学习进修，以提升其处理问题的技能，增强基层动物卫生监督站处理突发问题的能力。为适应我国基层畜牧业发展的需求，要与相关部门进行沟通和协作，拓宽视野，提升能力。

（四）加大政府资金投入

各级政府部门应高度重视基层动物卫生监督站的各项工作，充分认识动物卫生监督站工作的重要性，加大财政、人力及物力的投入。尤其是经济欠发达的偏远地区，应加大资金投入，购置先进的动物疫情监测设备，支持基层畜牧兽医工作的开展，确保动物卫生监督站动物防疫、检疫和牲畜改良工作的顺利进行。还要建立全面的疫情监测体系，及时发现并处置突发疫病，最大限度减少疫情对经济社会发展的影响。改善基层畜牧兽医的工作环境。牧区动物卫生监督站工作人员是从事动物防疫、检疫和牲畜改良工作的主力军，他们的工作环境十分艰苦，工作量大，工资待遇偏低，还经常受到误解。这的确会影响基层工作人员工作的积极性、队伍的稳定性，甚至影响到各项工作的开展以及工作完成的质量。因此要增强对基层工作人员的支持，改善其福利，调动基层工作人员的积极性，让他们能够更好地为人民群众提供帮助。

（五）宣传动物卫生监督站的工作

各级相关单位要高度重视对动物检验检疫工作的宣传，加大宣传力度。苏木（乡、镇）基层动物卫生监督站动物防疫、检疫和牲畜改良工作的重点是牧民养殖的牲畜，因此要引起牧民对动物疫病防控的重视。基层动物卫生监督站要以我国动物防疫检疫法律制度为基础，加大对牧民的普法力度。例如，可以在养殖区张贴疾病防治方法的标语和养殖过程中常见病的流行特点，使牧民掌握更多的有关知识；也可以定期向牧民发放宣传单，或组织开展疾病预防控制讲座；还可以利用广播、报纸、电视以及短视频平台等媒体宣传有关法律、法规和专业知识，让更多人都意识到动物防疫、检疫和牲畜改良的必要性与重要性，了解动物卫生监督站的工作，提高动物防疫水平，让人们支持动物卫生监督站的各项工作，促进社会的健康有序发展。

五、结语

基层畜牧兽医工作内容繁杂、职责艰巨，需要各部门之间的紧密协作才能顺利进行。在新的要求与挑战面前，畜牧兽医行业已得到一定程度的重视，但行业中一些长期存在的问题仍未得到解决。这就需要广大基层畜牧兽医技术人员充分利用自己的优势，对动物疾病进行科学的防治，使畜牧业得到更好的发展。同时，有关部门要重视和解决基层畜牧兽医人才队伍中存在的问题，这对畜牧业的健康发展具有重要意义。

试论阿鲁科尔沁旗畜牧业人才队伍建设中的问题及对策

乌日根毕力格　阿茹罕

2021年发布的《中共中央办公厅 国务院办公厅关于加快推进乡村人才振兴的意见》中明确提出促进各类人才投身于乡村振兴战略。人才振兴与牧区振兴之间是双向的积极互促关系。如果没有人才的参与，牧区振兴是不可能实现的。随着城市化的普及，留在牧区的“原住民”越来越少。牧区不仅出现人才流失现象，而且由于年轻人都出去务工，村里留下的大部分人非老即弱，只能从事简单的畜牧生产经营，这样的状况是不利于实现牧区振兴的。因此，加强牧区人才的内生动力、发展能力、机制活力和政策合力，就成了实现人才振兴进而实现牧区振兴的关键环节。

一、阿鲁科尔沁旗畜牧业人才队伍现状

（一）建立健全党管人才队伍的机制

阿鲁科尔沁旗坚持“党管人才”原则，秉承“人才是第一资源”的理念，制定出台了一系列配套制度，使牧区人才队伍管理有了保障。加强人才队伍之间、领导小组成员之间、政府相关部门之间的协作，着力构建旗委统一领导、组织部门牵头抓总、职能部门密切配合的人才工作格局。

（二）回引优秀人才报效家乡

2021年，阿鲁科尔沁旗统筹人才需求，考录公务员、事业编制人员964名，引进高层次人才70名，通过考核调动回引106名阿鲁科尔沁旗籍外地工作的公务员，有效缓解了基层人才短缺难题。定向招录264名事业编制干部，全部在嘎查（社区、村）锻炼服务5年，随时准备为牧区振兴贡献自己的力量。

（三）推动专家人才服务基层

立足阿鲁科尔沁旗农牧业重点领域、草业特色产业和医疗卫生保障等的需

求，引进先进地区的专家到阿鲁科尔沁旗服务。2021 年，北京昌平区先后派驻阿鲁科尔沁旗支教教师 86 名，开展教学交流活动 9 场次，帮带培训教师 6 400 余人次；内蒙古自治区农牧业科学院、内蒙古自治区地质调查研究院等派出 6 名专家学者深入中小学校、嘎查（社区、村）进行科普讲座、现场技术指导，受益师生群众 2 140 人。

（四）激活本土人才发展活力

2021 年，阿鲁科尔沁旗围绕深化农村牧区改革，充分发挥农牧、林业和草原、水利等专业部门的政策、项目、资金优势，主动对接农牧区发展需求，为农牧民专业合作社、家庭农牧场带头人举办技术培训 34 期，培训农牧民 640 人次。做好“土专家”“农博士”的传承培养工作。

二、阿鲁科尔沁旗畜牧业人才队伍建设中存在的问题

（一）嘎查缺少畜牧兽医专业人才

嘎查（社区、村）内的大部分年轻人都外出务工、就业或求学，导致嘎查（社区、村）内年轻人流失严重，留在嘎查的大多数牧民对畜牧业兽医方面的知识了解得不够深入。

1. 活畜疾病防御与保护

牧民养殖的牛羊每年都会发生一些疾病。一旦出现疾病，相关畜群的活畜都会受到影响，有些疾病甚至会传染给牧民，例如布鲁氏菌病。这给牧民带来精神上和经济上的双重压力。此外，牧民给牛羊搭建的棚户等基础设施建设不完善，遇到洪水、暴雨、暴雪等突发性灾害很容易发生损毁。如果有专业畜牧兽医人员指导，牧民可以减少活畜发生疾病或者因灾发生伤病等情况，把损失降到最低。

2. 牧民对市场环境不熟悉

牧民受教育程度不高，很难对变化多端的市场趋势做出准确判断。例如，有一个时期羊肉价格较高而牛肉较便宜，一些养殖户把牛卖了换羊来养，可是等羊出栏时，羊肉价格降了，有的养殖户连本钱也挣不回来。如果有专业人员指导，牧民可以减少盲目操作，可以更有效地防范市场风险。

（二）牧区人才发展空间小，人才利用不合理

部分地区存在管理不到位现象，尤其是人才培养机制不够完善，导致人才流失较快。还有一些牧区，基层公务员或其他单位人员被录用后在本地任职 3～5 年，然后便调离到条件相对较好的城镇机关、事业单位去，导致牧区基

层优秀人才流失。另外，部分单位无法提供好的平台，导致人才因“无用武之地”而流失。

（三）资金投入不足

受制于当地经济发展比较单一的特点，牧区的经济收入大部分来源于牧业收入，农牧民的生活条件相对困难，分配政府资金时总会出现“僧多粥少”的局面。目前，阿鲁科尔沁旗牧区的资金投入主要有环境生态优化补助、社会治理补助、畜牧补贴（禁牧，草畜平衡）、社会优抚、农机购置补贴、移民补贴等惠民补助金，仅能维护牧区的生产稳定，很难有剩余资金进行人才的培养。

三、优化阿鲁科尔沁旗牧区畜牧业人才队伍的建议

（一）提升畜牧业人才队伍的整体素质

要科学规划，建立人才队伍的常态化储备、精细化管理制度，着力改善人才队伍梯次结构。要注重培训对象的学习需求，主动倾听受训者反馈，不断完善培训课程，提高培训质量。提高人才双向提升，既要有技能提升，也要有学历提升，提升整体队伍的受教育水平。造就一批“永久性”的乡土人才和扎根牧区的“土专家”等。

（1）优化人才配置。一方面，通过引进人才来改善人才队伍结构。根据当地发展的实际要求，制定农牧区人才引进政策，在减少本地人才外流的同时吸引外地人才到阿鲁科尔沁旗牧区干事创业，从而优化调整农牧区人才结构，提升人才队伍的整体素质。另一方面，各旗（县）政府可实施高素质牧民培育工程。

（2）大力倡导“马背上的课堂”和牧区课堂等教育方式，提高流动人才服务机制，深入牧区，在马背上、在蒙古包里向牧区人民普及文化知识。对专业技能基础好的或者学习领会能力比较快的牧民要重点培养，建立培养档案。通过教育让牧民掌握一些畜牧业的专业本领，从而为牧民增收致富、牧区经济发展发挥作用。

（二）制定政策鼓励人才返乡

1. 落实政策，提高人才待遇

政府出台政策鼓励人才融入牧区，鼓励走出去的年轻人回乡创业或者投入到牧区发展中。给创业大学生提供帮助或者给予资金补助，切实解决牧区人才在工资待遇、子女入学、户口等方面面临的实际问题。

2. 建立人才激励机制

将能力突出的人才纳入优秀人才库，大力宣传优秀人才的先进事迹，增强人才的荣誉感、归属感，提高人才的使用效率。注重正确的舆论引导，广泛宣传嘎查（社区、村）优秀人才的典型事迹，建立有效的激励机制，对有特殊贡献的人才可以提高待遇。

3. 适度增加牧区技术推广编制

建设一支“接地气”的应用型人才队伍，进一步改革职称评聘制度，录用时可相应降低学历、资历、外语等条件限制。对能力和业绩突出的人才给予奖励。

（三）提倡各级政府、社会组织参与人才队伍建设

1. 提高人才建设的财政投入

建立人才专项资金，用于人才的引进、培养、研究、创新、奖励等。在公共财政预算中，拿出一定比例经费作为牧区人才的专项经费。加强公共财政对牧区人才的经费投入。加强对人才投入专项资金的监管，确保专款专用，打造一支真正适合牧区需要的人才队伍。

2. 建立多元化人才机制

牧区人才队伍建设不仅需要政府大力推动，更需要全社会一起努力。要鼓励企业、协会、农林高校和科研院所、农牧民等社会力量投入和参与到人才队伍建设中，把“政、产、学、研、用”发展理念融合到牧区人才队伍建设中，保障人才引进顺畅、人才结构合理、人才管理科学。

四、结语

现代化牧区的稳步发展需要智力支持和人才支撑，畜牧业发展更缺少不了人才的贡献。完善人才培养、引进、使用、激励等政策措施，号召和鼓励年轻人和应用型人才向牧区集聚，把事业投入到牧区。这样才能够使人才愿意来、留得住，发挥其才能，为牧区振兴服务。完善新型牧区人才队伍建设、依靠科技和人才推动牧区发展已经成为国家战略和社会的共识，也符合目前牧区的发展趋势和建设需求。

图书在版编目（CIP）数据

基层社会治理研究 / 王利清等著. —北京：中国农业出版社，2023.11

（生态安全与社会治理丛书 / 张银花，李金华主编）

ISBN 978-7-109-31415-3

Ⅰ.①基… Ⅱ.①王… Ⅲ.①社会管理－研究－中国 Ⅳ.①D63

中国国家版本馆 CIP 数据核字（2023）第 207665 号

中国农业出版社出版

地址：北京市朝阳区麦子店街 18 号楼

邮编：100125

责任编辑：边　疆　　文字编辑：蔡雪青

版式设计：王　晨　　责任校对：张雯婷

印刷：北京中兴印刷有限公司

版次：2023 年 11 月第 1 版

印次：2023 年 11 月北京第 1 次印刷

发行：新华书店北京发行所

开本：700mm×1000mm　1/16

印张：10.5

字数：200 千字

定价：55.00 元
